myboshi

myboshi 2.0

Bien plus que des bonnets – bonnets, sacs, accessoires

Thomas Jaenisch – Felix Rohland

myboshi

myboshi

myboshi 2.0

Bien plus que des bonnets – bonnets, sacs, accessoires

Thomas Jaenisch – Felix Rohland

myboshi

Sommaire

myboshi
bien plus qu'un simple bonnet

Un boshi n'est pas un quelconque bonnet, mais un accessoire fait main travaillé avec soin qui reflètera ta personnalité et tes idées. Il y a bien longtemps, toutefois, que myboshi n'est plus seulement synonyme de bonnets. La marque est devenue un style de vie pour lequel ni l'âge, ni l'origine, ni la couleur de la peau n'ont d'importance. Nous sommes une communauté joyeuse, exubérante et colorée qui, s'élargissant en permanence, répand avec fierté son enthousiasme dans le monde entier.
Dans ce guide, nous te ferons découvrir de nouvelles idées tendance faciles à réaliser avec un simple crochet.

Montre-nous ta vraie nature et… tu deviendras ami du boshi.

myboshi

Débutant myboshi ?

Voici notre incroyable histoire...

Qui aurait pu imaginer que notre avenir professionnel se dessinerait à mi-parcours de nos études, durant un programme d'échange de moniteurs de ski ?
Qui aurait pensé que crocheter des « boshis » pouvait calmer les enfants hyperactifs, et que plus d'un candidat au burn-out avait ainsi appris à lever le pied ?
Qui aurait imaginé qu'avec nous, des douzaines de « mamies crocheteuses » reviendraient à la vie active ?
C'est avec bonheur que nous racontons notre histoire, qui favorisera certainement des idées et des parcours inattendus... Mais lisez plutôt.

Cela fait cinq ans que nous, Thomas Jaenisch et Felix Rohland, sommes partis au Japon pour enseigner le ski à des jeunes du pays dans une station isolée. Comme il nous manquait le romantisme d'un chalet, nous passions tous deux nos soirées à imaginer de nouveaux défis.
Une collègue espagnole nous a donc appris le crochet.

Nous avons immédiatement attrapé la fièvre du crochet, élaborant ainsi des modèles toujours plus colorés. Nos boshis, nom que leur donnaient les habitants, étaient d'ores et déjà très recherchés sur place. Alors que nous avions vendu des bonnets à deux Australiens à Tokyo, il nous est venu l'idée de développer une activité commerciale. Dans un cybercafé, nous avons enregistré notre domaine actuel dénommé www.myboshi.net, et nous nous sommes mis à crocheter dès que nous avions une minute à nous.

A notre retour au pays, nos proches ont d'abord réagi par des regards incrédules, mais tous s'arrachaient nos boshis. Tous nous ont prêté main forte pour que nous venions effectivement à bout de nos commandes.

Beaucoup de travail et une bonne dose de chance ont très certainement concouru à notre succès. Mais c'est aussi l'immense engagement de nos familles, amis et collègues qui permet le développement de notre vision commune.

Le succès de myboshi ne se dément pas, et votre premier guide « myboshi 1.0 – ton bonnet, ton style » est une vraie réussite dans toute l'Europe. Vous attendiez-vous à un tel succès ?

THOMAS Déjà, le succès de nos boshis nous avait énormément surpris, mais que notre idée puisse éventuellement déclencher un phénomène mondial... Non, nous n'avions jamais imaginé un tel succès.

Qu'est-ce qui vous réjouit le plus ? Une personne portant un boshi original, ou un boshi qu'elle a fait elle-même ?

FELIX Peu importe pour nous. Nous nous réjouissons dès lors qu'une personne se laisse gagner par le virus du boshi, et rejoint ainsi notre communauté de fans.

Si vous deviez résumer en trois phrases l'aventure de la création de myboshi ?

THOMAS ▶ *S'attacher à une idée loufoque imaginée au Japon, et maintenir le cap. Permettre au client de concevoir lui-même ses propres bonnets, et en même temps, développer une entreprise à part entière.*

Quel est, selon vous, le secret de la réussite de myboshi ?

THOMAS ▶ *Authenticité, pragmatisme, liberté de personnaliser ses travaux, sans oublier la dimension sociale.*

La découverte du crochet, le succès actuel de myboshi et le chemin parcouru pour y parvenir ont-ils changé votre manière d'être ?

FELIX ▶ *Notre activité nous a enrichis de beaucoup d'expériences magnifiques dans bien des domaines de la vie : nous avons rencontré beaucoup de gens extraordinaires, avons réalisé un livre, et sommes également passés à la télévision. Pour le reste, nous envisageons, ou plutôt, nous sommes déterminés à rester égaux à nous-mêmes, et nous réjouissons de pouvoir assumer chaque jour une nouvelle part de responsabilité.*

Quelles sont les perspectives d'avenir de myboshi ?

THOMAS ▶ *Nous débordons d'idées pour notre entreprise. En ce moment, myboshi passe du statut d'étiquette cousue sur un bonnet à celui de marque de mode à part entière. Dans ce guide, nous voulons donc vous faire partager de nouvelles idées faciles pour égayer et colorer le quotidien à l'aide du crochet.*

Les instructions pour fabriquer les boshis de Felix et Thomas se trouvent dans le guide de crochet.

myboshi

Bases du crochet

Méthode toute simple pour ton boshi fait main

Le crochet… rappelez-moi comment faire ?
Qu'est-ce que c'est… qu'une maille en l'air, une demi-bride ou une bride simple ? Beaucoup d'entre nous ont essayé le crochet à l'école un jour ou l'autre pour ensuite remiser au placard ce loisir considéré comme ennuyeux, mais le crochet, tout comme le vélo, ça ne s'oublie pas. Les pages qui suivent sont étudiées pour tous ceux qui n'ont aucune connaissance du sujet, ou veulent se rafraîchir la mémoire. Elles vous montreront comme il est facile de crocheter son premier boshi.

Échantillons / Une maille, ça ressemble à quoi ?

Voici la description des différentes parties d'une maille.

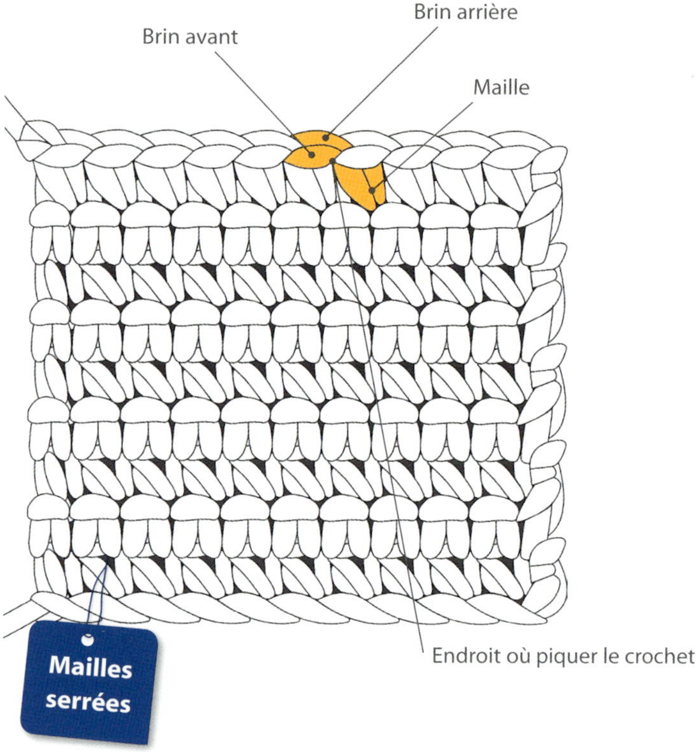

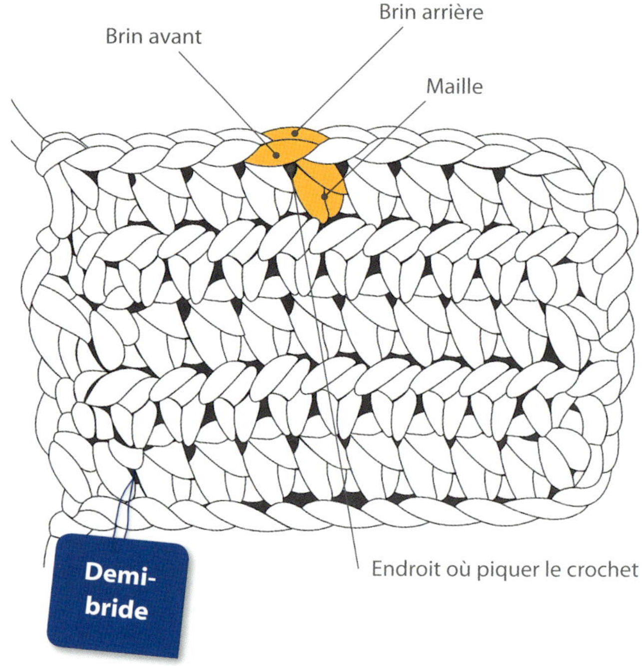

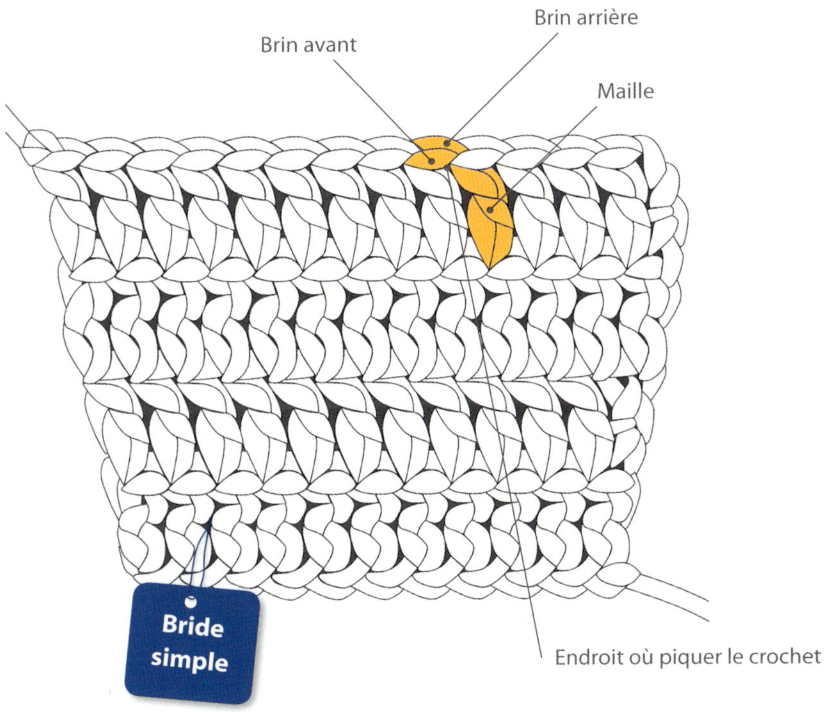
Brin arrière
Brin avant
Maille
Bride simple
Endroit où piquer le crochet

Le commencement : noeud coulant et chaînette (suite de mailles en l'air)

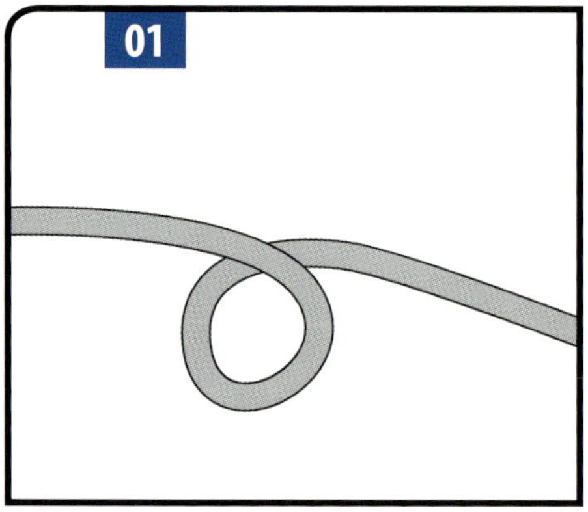

01 Le bout du fil est dans la main gauche et le fil côté pelote dans la main droite. Former un cercle ; le fil de gauche étant au-dessus du fil de droite.

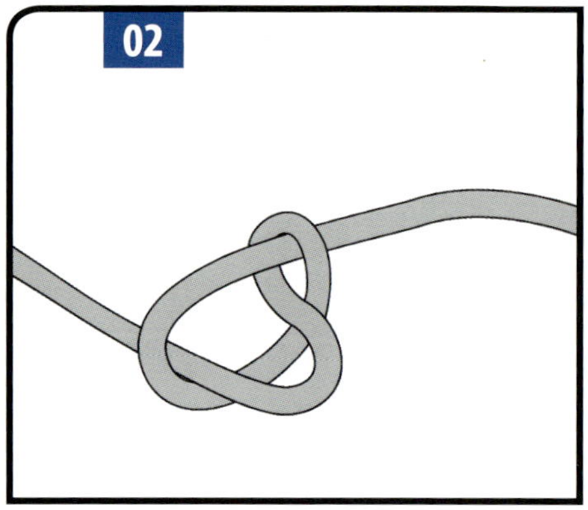

02 Maintenant, passer le fil de gauche dans le cercle comme indiqué sur le schéma.

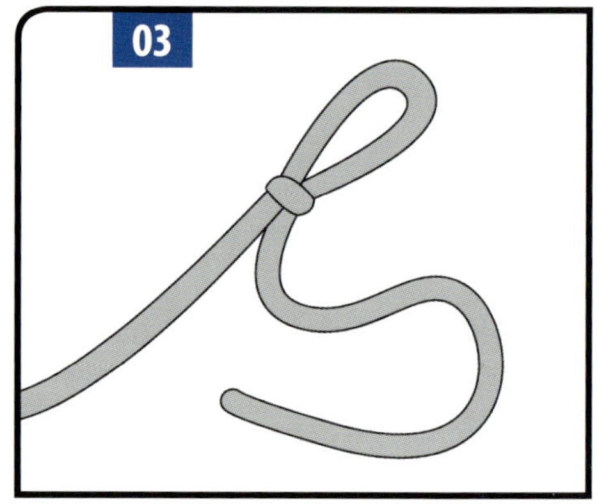

03 Tirer sur l'extrémité de ce fil pour former une boucle.

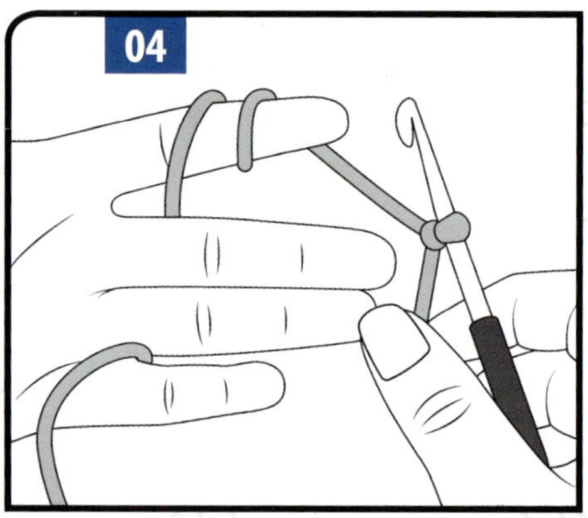

04 Enrouler le fil autour des doigts de la main gauche. Ceci régule la tension du fil pendant le travail. Si les doigts sont maintenus serrés, le fil coulisse difficilement. Si la tenue est plus lâche, il glisse plus facilement.

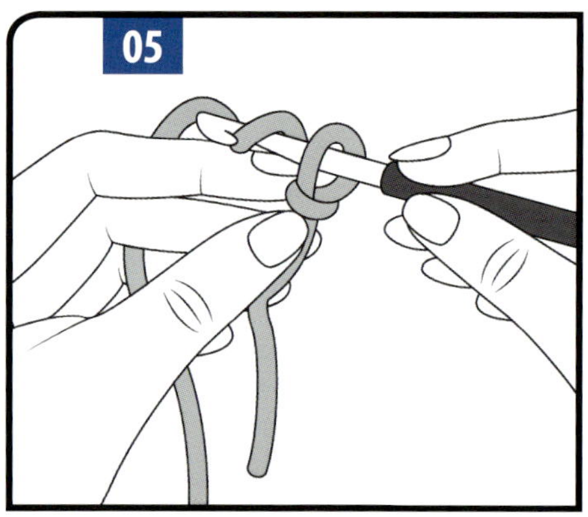

05 Maintenir la première boucle entre le pouce et le majeur et tirer le fil à travers la boucle.

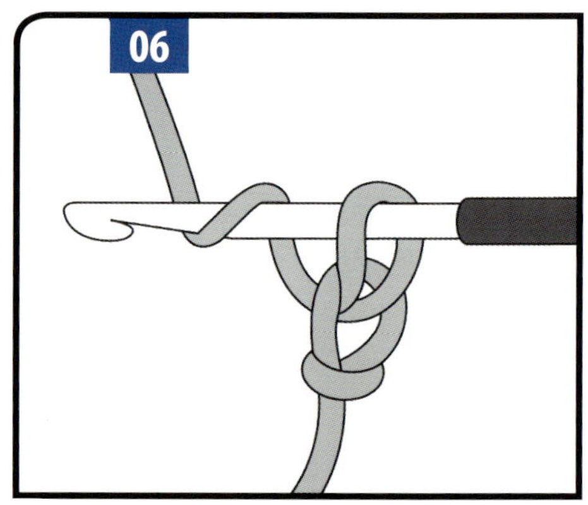

06 Recommencer jusqu'à ce que le nombre de mailles en l'air souhaité soit atteint. Avancer régulièrement le pouce et le majeur qui tiennent les mailles, de façon à maintenir une tension suffisante sur la chaînette qui s'allonge.

La maille coulée

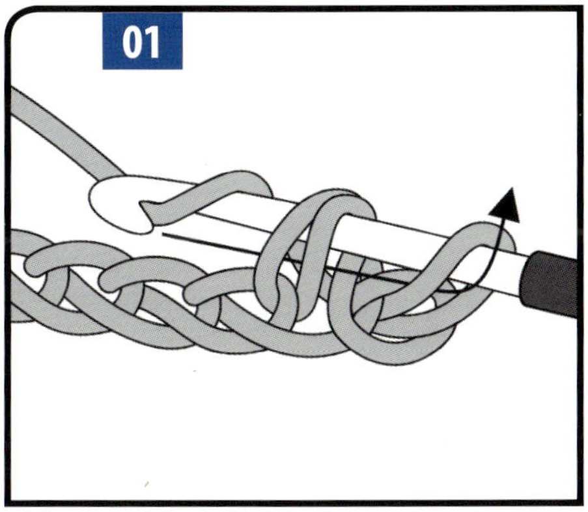

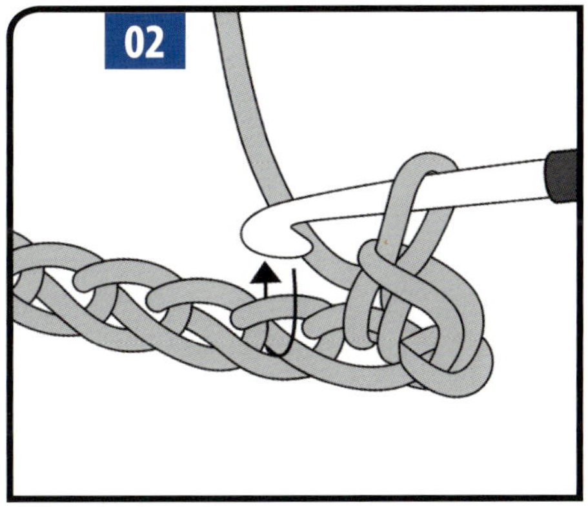

01 Piquer le crochet dans la maille, prendre le fil et tirer à travers les 2 boucles qui sont sur le crochet.

02 Recommencer du début pour continuer. Les mailles coulées sont souvent confectionnées à la fin d'un ouvrage en crochet et en constituent la bordure.

La maille serrée

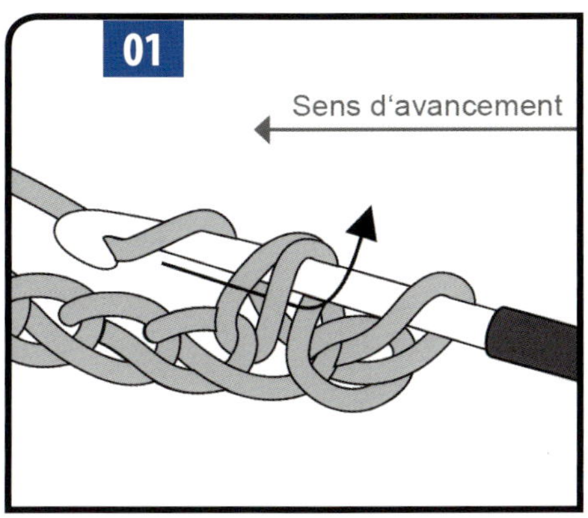

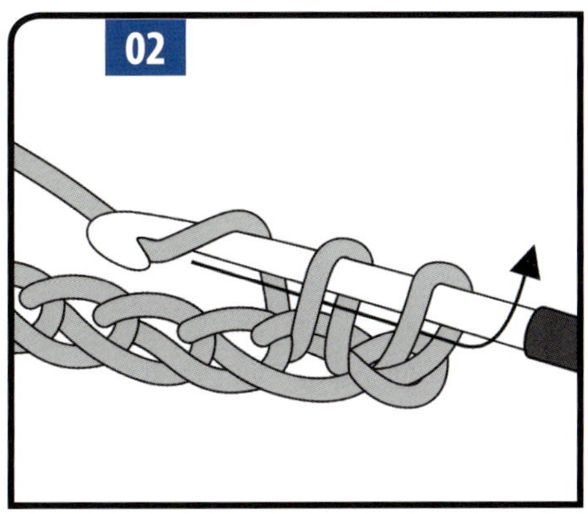

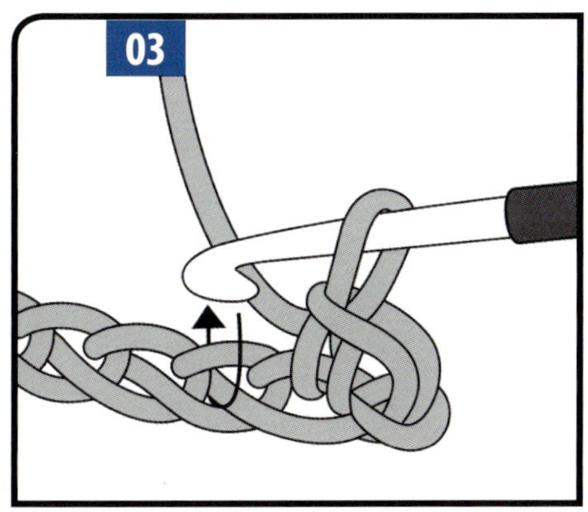

01 Piquer le crochet à travers la maille suivante et ramener le fil à travers celle-ci. Il est important que 2 boucles de la maille reposent sur le crochet et qu'il y ait une boucle sous le crochet.

02 Il y a maintenant 2 boucles sur le crochet. Prendre le fil de nouveau avec le crochet (ceci s'appelle un jeté) et le tirer à travers ces deux boucles. La première maille serrée est finie !

03 Piquer le crochet à travers la maille suivante et tirer le fil à travers la boucle. Il y a de nouveau 2 boucles sur le crochet. Reprendre le fil avec le crochet et de nouveau le tirer à travers les deux boucles.

La demi-bride

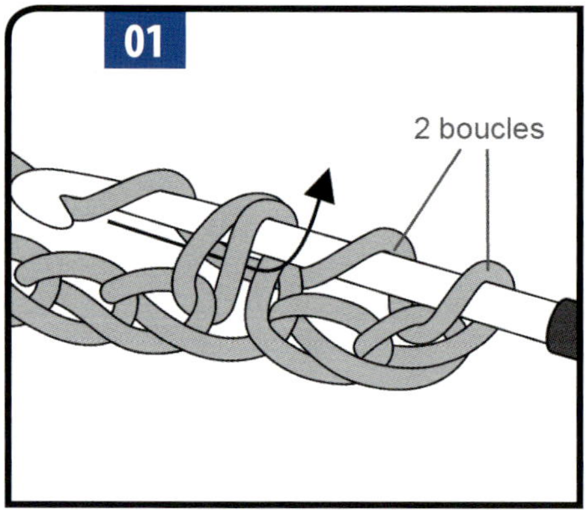

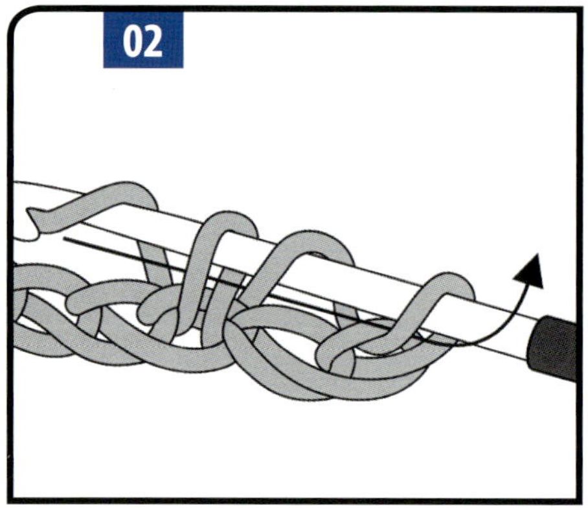

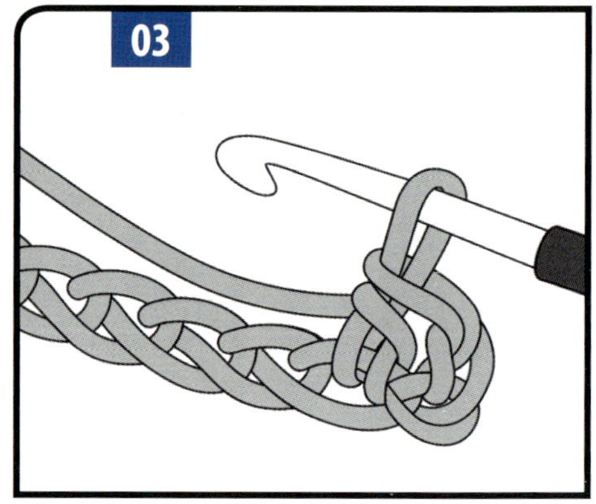

01 Avant de piquer le crochet dans la maille suivante, le fil est passé une fois sur le crochet. Il y a ainsi, avant d'avoir piqué le crochet, 2 boucles sur celui-ci. Maintenant, piquer le crochet dans la maille, reprendre le fil et le tirer à travers les mailles.

02 Il y a ainsi 3 boucles sur le crochet. Reprendre le fil et le tirer à travers les mailles qui sont encore sur le crochet.

03 La première demi-bride est ainsi terminée ! Recommencer du début pour continuer.

La bride simple

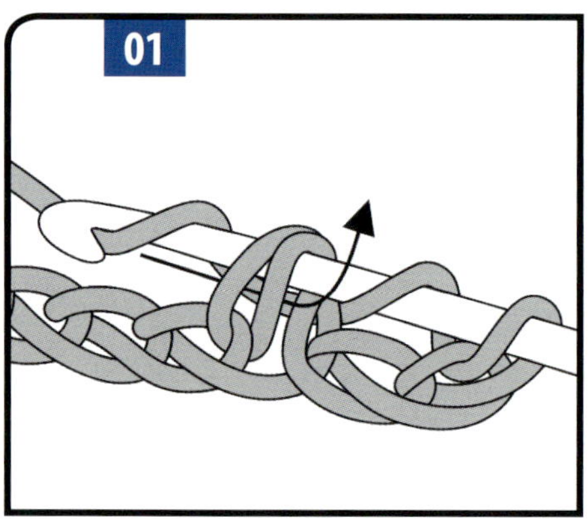

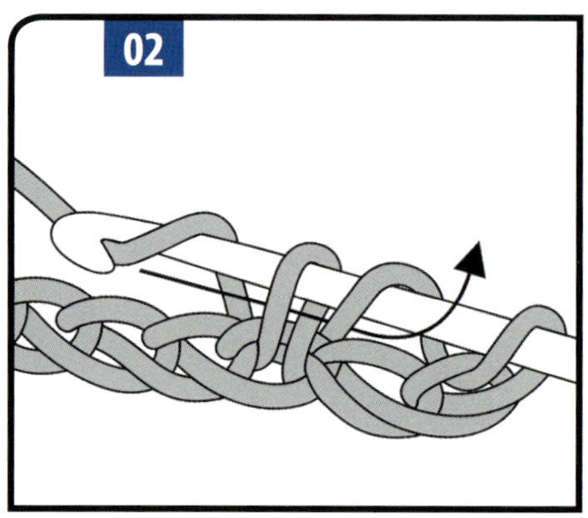

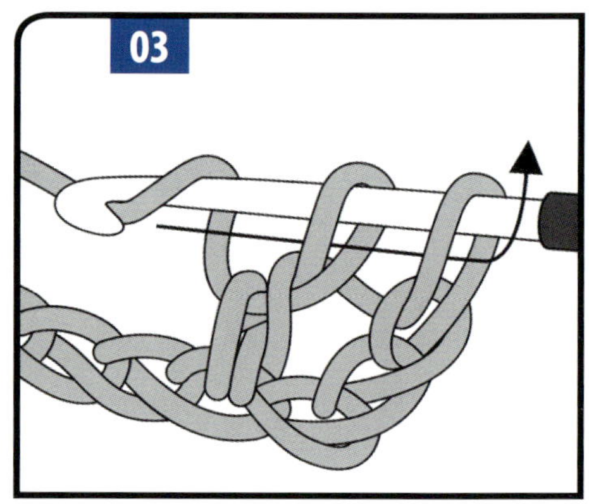

01 Avant de piquer dans la maille en l'air, passer le fil une fois autour du crochet (faire un jeté). Piquer le crochet dans la maille suivante et tirer le fil à travers celle-ci. Il y a maintenant 3 boucles sur le crochet.

02 Reprendre le fil avec le crochet et le tirer à travers les deux premières mailles qui reposent encore sur le crochet. Il y a maintenant 2 boucles sur le crochet.

03 Reprendre le fil avec le crochet et le tirer à travers les deux boucles qui sont encore sur le crochet. La première bride est terminée ! Recommencer du début pour continuer.

Double bride

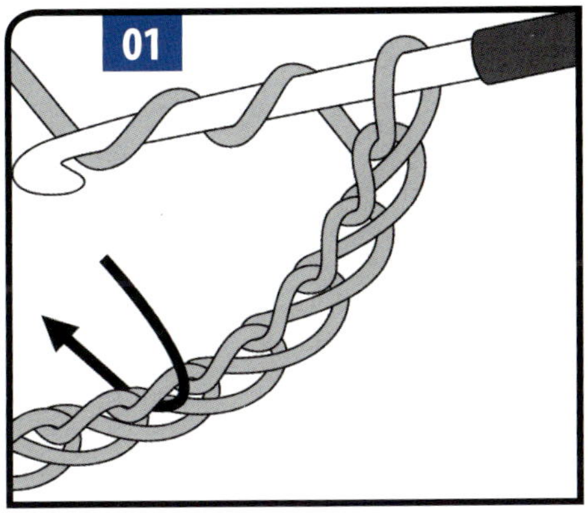

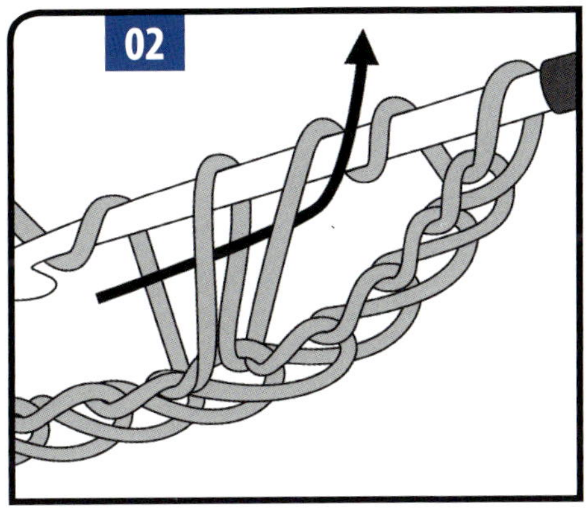

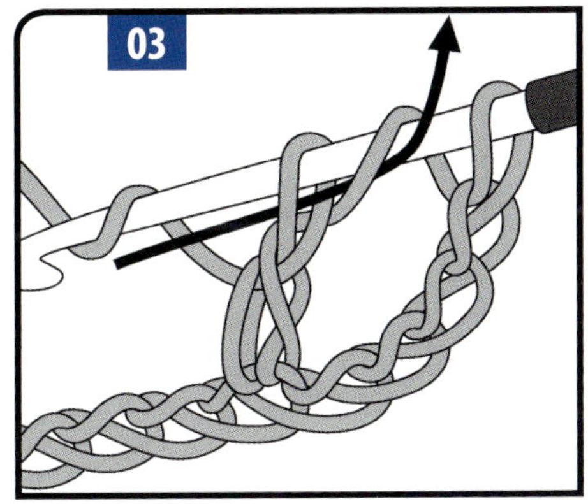

01 Avant de piquer dans la maille en l'air, passer le fil deux fois autour du crochet (faire 2 jetés). Piquer dans la 5ème maille et tirer le fil à travers celle-ci. Il y a ainsi 4 mailles sur le crochet.

02 Reprendre le fil avec le crochet et le tirer à travers les deux premières mailles qui reposent sur le crochet.
Il y a ainsi 3 mailles sur le crochet.

03 Reprendre le fil et le tirer à travers les deux premières mailles reposant sur le crochet. Il reste ainsi encore 2 mailles sur le crochet.

Reprendre le fil encore une fois et terminer en le tirant à travers les 2 dernières mailles.

Bride relief

La bride relief est une bride simple piquée dans la profondeur de la maille (voir bride simple).

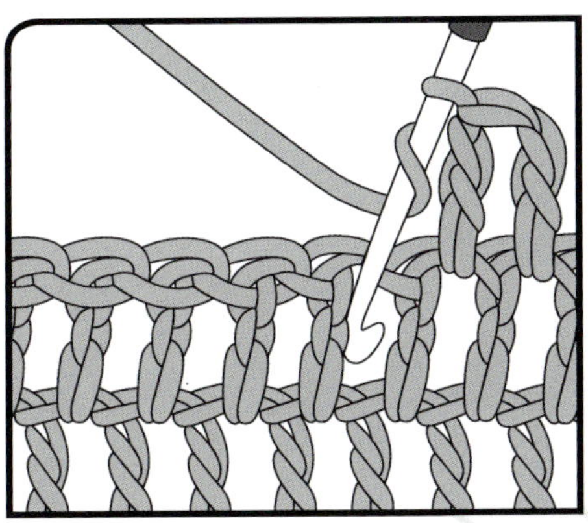

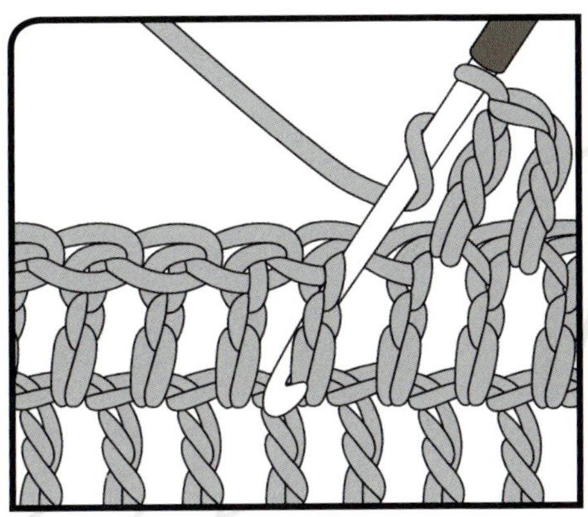

Elle se crochète comme une bride, mais au lieu de piquer dans les 2 brins, il faut glisser le crochet à l'arrière de la maille du rang précédent et le faire ressortir sur le côté gauche de celle-ci.

Le commencement d'un boshi

Au début, faire un noeud coulant et 4 mailles en l'air qui sont fermées en rond avec une maille coulée et une maille en l'air.

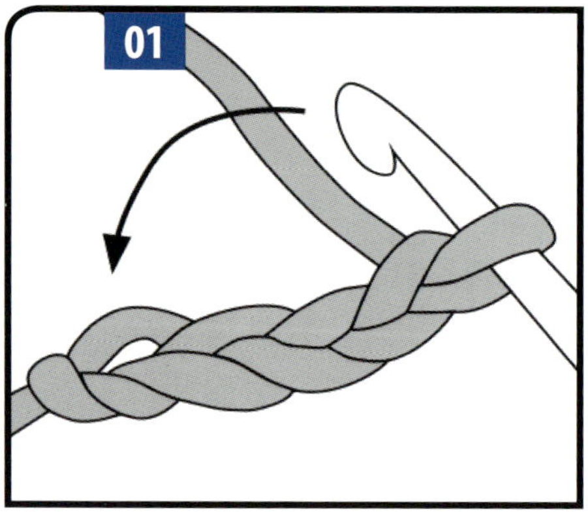

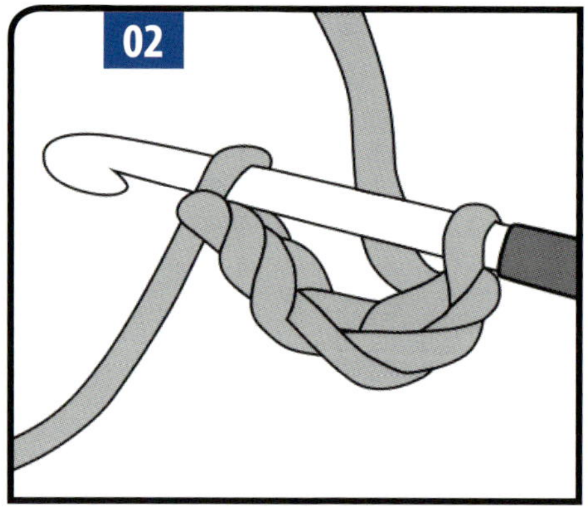

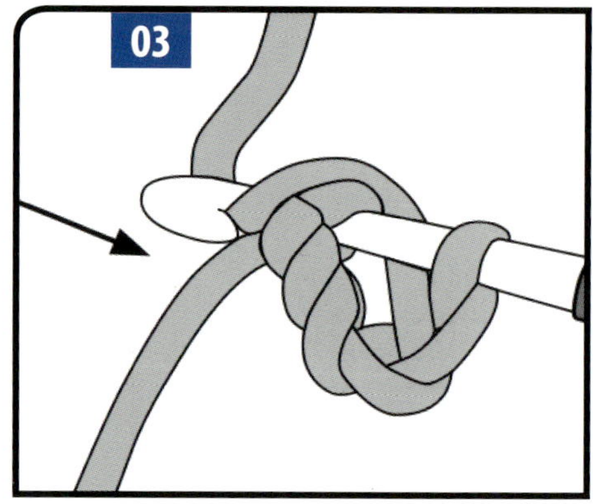

01 Chaînette de 4 mailles en l'air.

02 Piquer le crochet dans la 1ère maille en l'air de la chaînette.

03 Prendre le fil de la pelote avec le crochet et le tirer à travers la 1ère et la dernière maille en l'air.

04 Voici ce que l´on voit quand le fil de la pelote est tiré à travers les 2 mailles en l´air. Ce qui repose maintenant sur le crochet est la maille coulée.

05 À présent, faire une maille en l'air en passant le fil de la pelote autour du crochet (= faire un jeté) et en le tirant à travers la maille coulée.

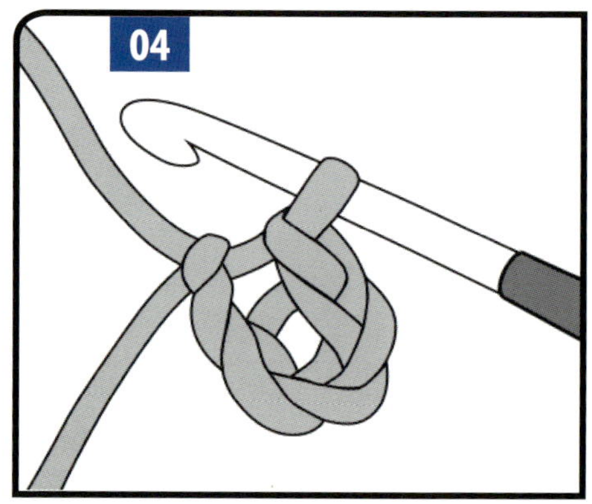

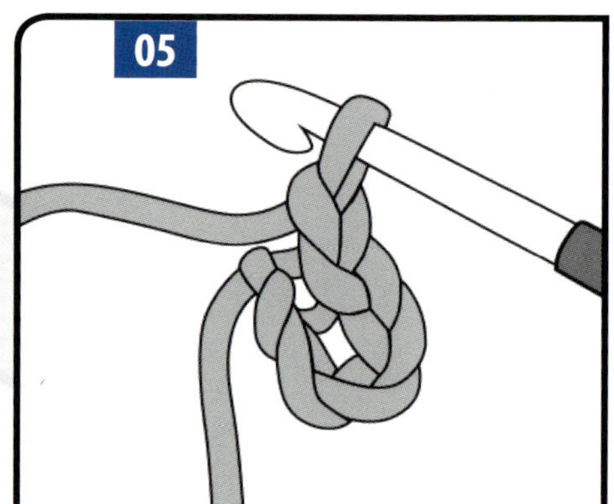

Le premier rang

Exemple de demi-brides dans le cercle du début

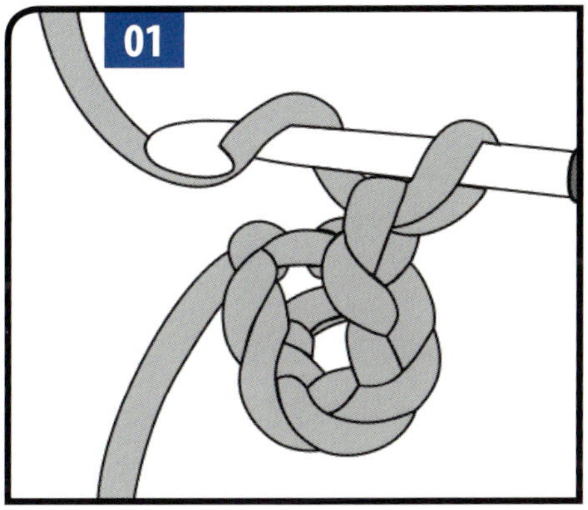

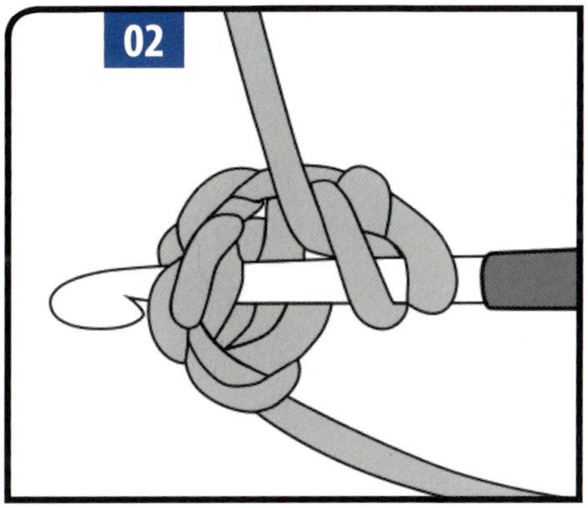

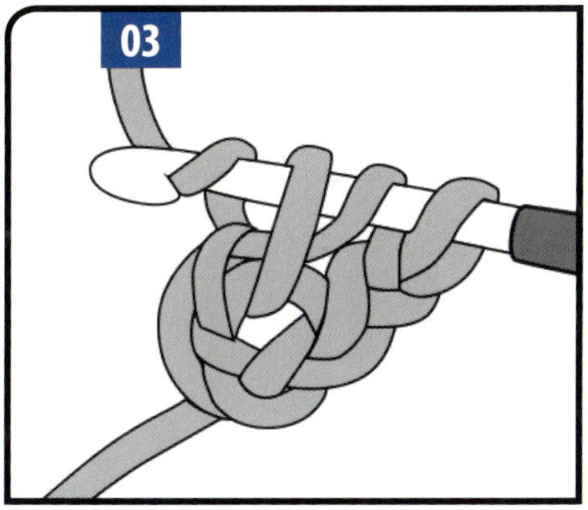

01 Passer le crochet sous le fil (= faire un jeté).

02 Piquer le crochet dans le cercle du début, et reprendre le fil par derrière avec le crochet, puis tirer le fil à travers le trou où le crochet avait été introduit.

03 Prendre avec le crochet le fil de la pelote et le tirer à travers chacune des 3 boucles.

04 La première demi-bride est ainsi terminée.

05 Ici, tu peux voir les 11 demi-brides dans le cercle du début.

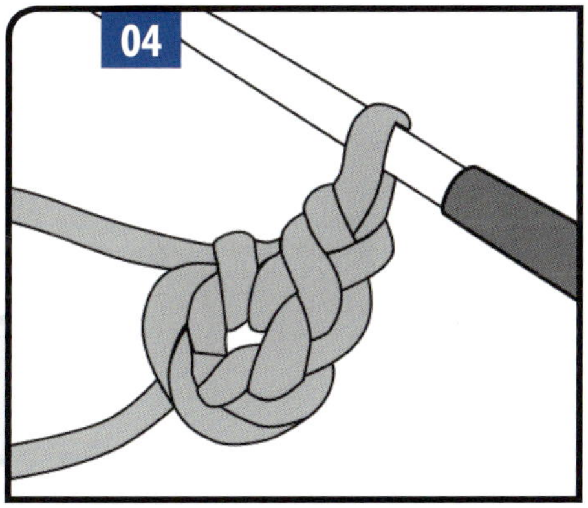

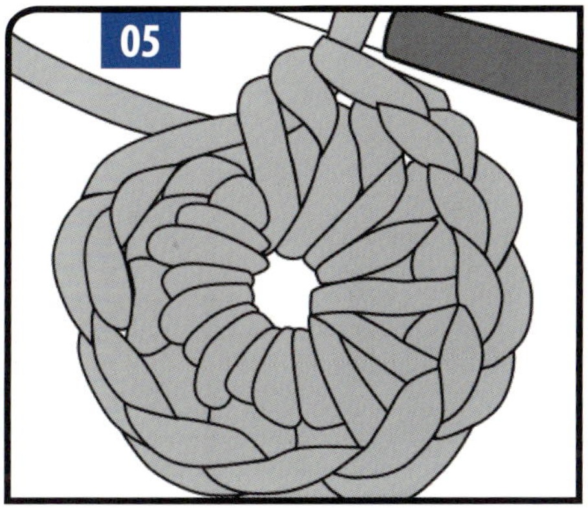

Rangs suivants, fin/ début de tour et changement de couleur

pour les mailles serrées, demi-brides ou brides simples. Les tours sont fermés pour éviter un décalage lors du changement de couleur.

Rangs suivants. Lorsque l'on poursuit en demi-brides, il suffit de crocheter 1 demi-bride dans chaque demi-bride du tour précédent, en prenant les 2 brins (brin avant, brin arrière). Pour doubler 1 demi-bride, crocheter 2 demi-brides dans la demi-bride du tour précédent en prenant aussi les 2 brins.

Fin/début de tour. Les tours se terminent par une maille coulée. Ils démarrent avec 1 maille en l'air.

Changement de couleur. Le changement de couleur se fait dans la maille en l'air après la maille coulée. Bien serrer la maille coulée, laisser la maille en l'air un peu plus lâche.

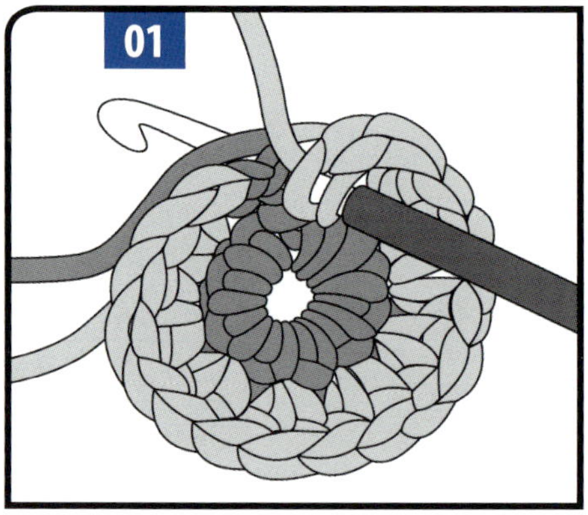

01 Pour le changement de couleur, avec la couleur en cours, faire la maille coulée pour fermer le tour : piquer le crochet dans la première maille de ce tour, prendre le fil et le faire passer sous les deux boucles qui se trouvent sur le crochet.

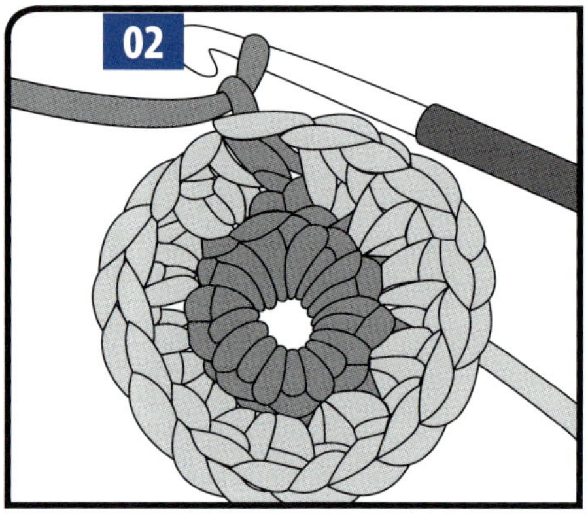

02 Faire une maille en l'air en attrapant le fil de la nouvelle couleur. On vient de changer de couleur.

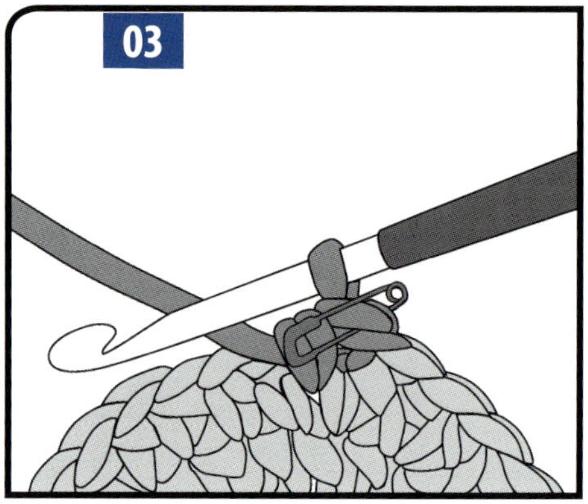

03 Marquer la maille en l'air et la maille coulée par une épingle à nourrice car elles sont parfois difficiles à reconnaître.

Crocheter en spirale

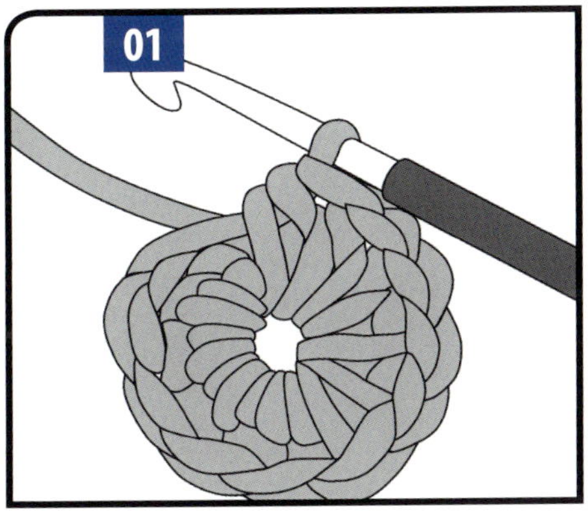

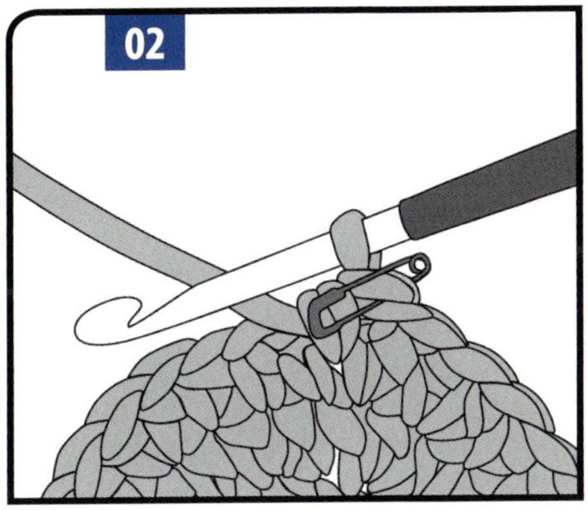

01 Crocheter en spirale signifie crocheter chaque tour sans maille coulée ni maille en l'air. Le cas échéant, toujours crocheter le nombre de mailles indiqué pour le tour et ne commencer le prochain tour que quand ce nombre est atteint.

02 Afin d'être sûr d'avoir le nombre exact, marquer la première maille de chaque nouveau tour avec une épingle à nourrice.

Monter les mailles en l'air doubles

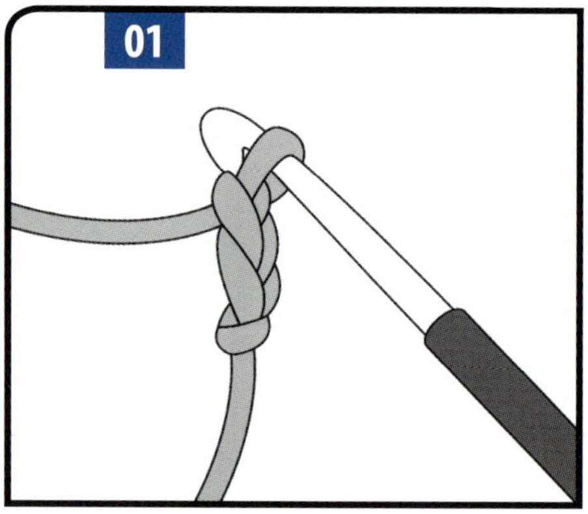

01 Sur le noeud coulant de démarrage, faire 2 mailles en l'air. Avec le pouce et le majeur de la main gauche (pour les droitiers), saisir le noeud de départ.

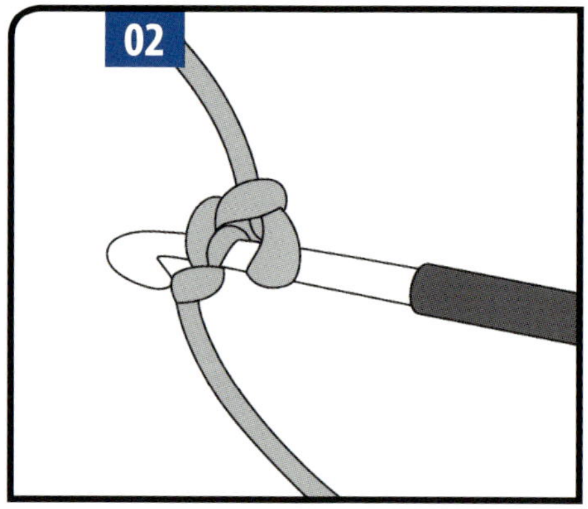

02 Piquer le crochet dans la 1ère maille en l'air et tirer le fil à travers celle-ci ; on a 2 mailles sur le crochet.

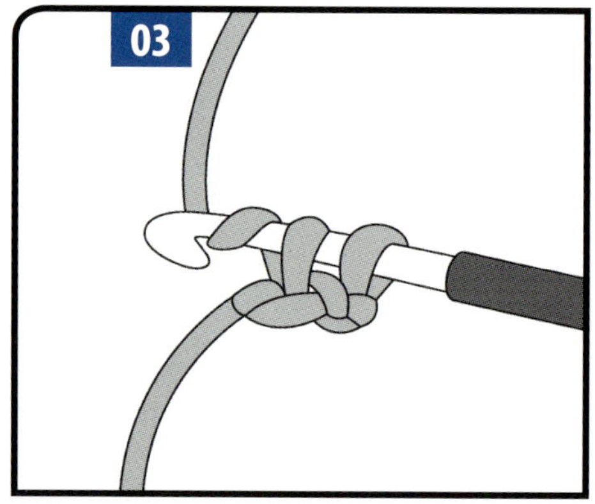

03 Prendre le fil de la pelote avec le crochet (= faire 1 jeté) et le passer à travers les 2 mailles. L'ouvrage est à gauche et le crochet à droite.

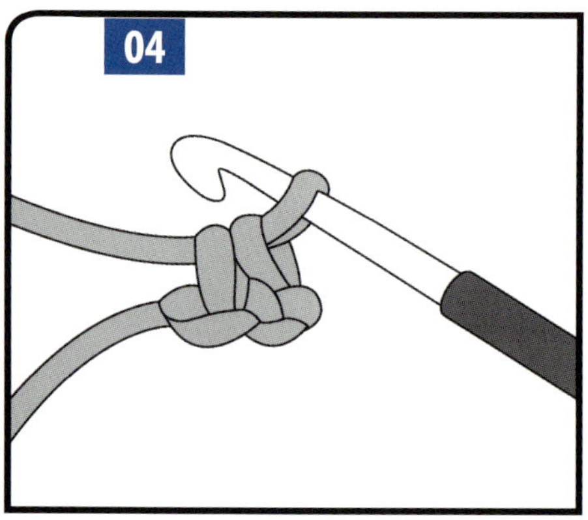

04 On voit maintenant les 2 mailles par lesquelles on a fait passer le crochet.

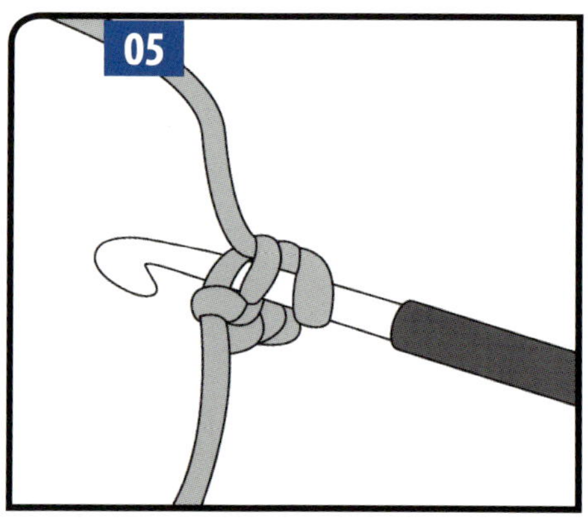

05 Piquer le crochet dans la maille de gauche, prendre le fil de la pelote avec le crochet et le faire passer dans la maille. Reprendre le fil de la pelote et le faire passer dans les 2 mailles.

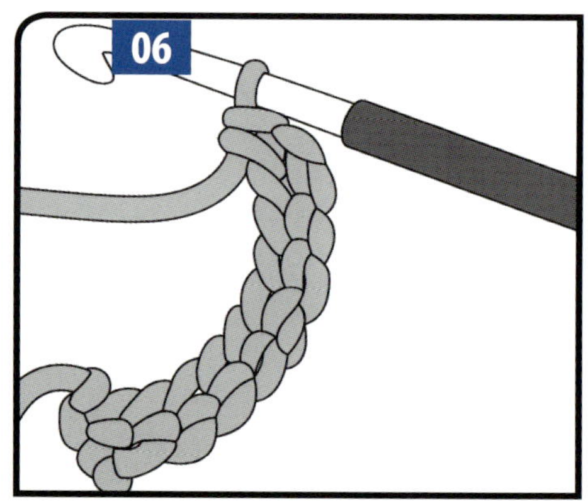

06 La chaînette de mailles en l'air doubles fronce un peu.

Pompon

01

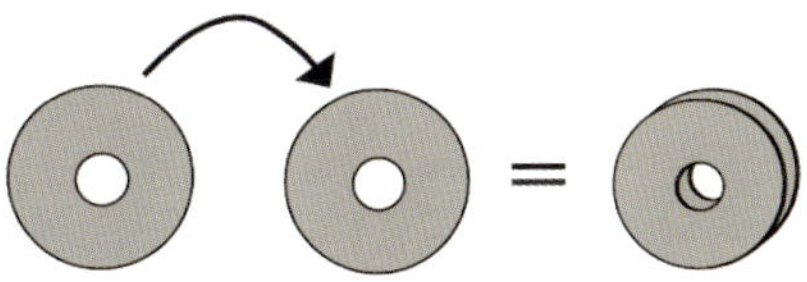

02

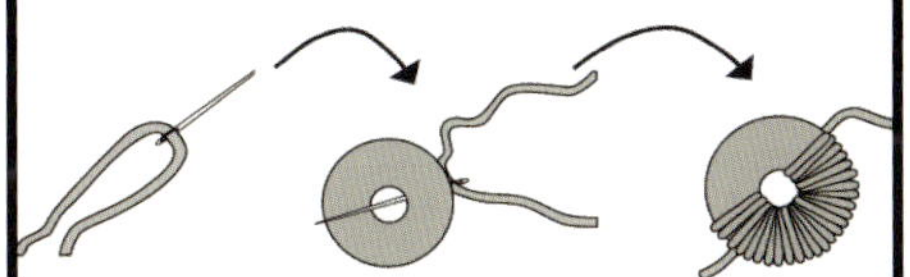

03

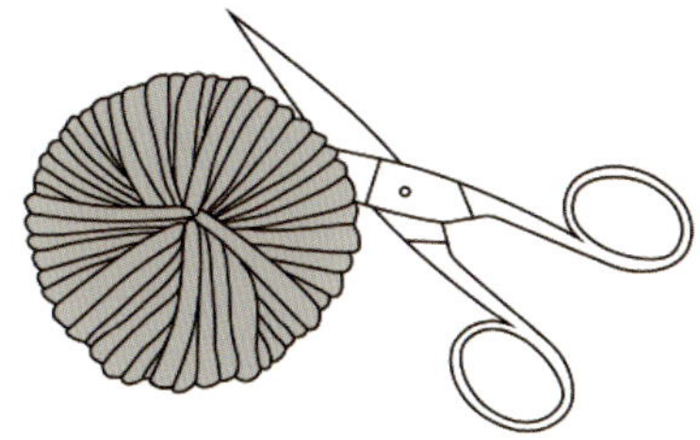

01 Découper 2 ronds en carton d'un diamètre de 6 cm. Couper ensuite un trou de 2 cm de diamètre au centre de chaque rond puis mettre les 2 rondelles obtenues l'une sur l'autre.

02 Enfiler maintenant un fil d'une longueur d'env. 2 m sur une grosse aiguille à coudre ou à broder et enrouler ce fil autour du trou. Répéter jusqu'à ce qu'il ne soit plus possible de passer par le trou avec l'aiguille.

03 Maintenant, couper la laine au niveau du bord extérieur des rondelles de manière à séparer les couches de laine du haut et du bas.

04

05

04 Prendre un fil de coton d'une longueur d'env. 50 cm et le serrer autour de la laine entre les deux rondelles en carton. Faire un double nœud. Couper les rondelles en carton sur le côté pour les retirer du pompon.

05 Pour terminer, égaliser les fils du pompon avant de le fixer au boshi par un nœud solide.

Etiquette

01

01 Enlever la feuille de protection et placer l'étiquette à l'endroit désiré. Appuyer fermement le fer à repasser (chauffé à env. 150°C) pendant env. 10 secondes sur l'étiquette posée sur le boshi. Placer pour plus de sûreté un tissu entre le fer à repasser et l'étiquette. L'étiquette colle correctement quand la couche d'adhésif s'est entièrement dissolue.

ASTUCE : tu peux aussi coudre l'étiquette avec quelques points si tu veux être sûr qu'il tienne bien.

myboshi

Crochète ton univers boshi

Une fois le travail commencé, tu te rendras vite compte à quel point il est facile de crocheter, et à quel point les idées créatives jailliront de ton esprit.
Avec ou sans pompon, uni ou multicolore...
Nos vingt-trois notices te permettront d'élaborer une multitude de boshis, sacs, écharpes, gants et mitaines différents, suivant ton propre style.
Mais attention : tu attraperas vite la fièvre du boshi, et ne pourras plus en guérir !

Atama

Notre boshi Atama est un bonnet classique à la ligne harmonieuse. Ses trois rayures lui donnent une note tendance et bigarrée.

Atama

Niveau

Le modèle Atama est rayé à la base et uni sur le dessus.

Crochet
6 mm DMC, aiguille à broder / à repriser

Fournitures
Laine myboshi n°1

Couleurs
Couleur 1 (60 g)
Couleur 2 (30 g)

Échantillon test
10 x 10 cm = 12 demi-brides x 8 rangs

Tour de tête
Taille S (47 - 51 cm), taille M (52 - 56 cm), taille L (57 - 60 cm)

Explications
Le modèle Atama est crocheté en demi-brides. Il est mis en valeur par ses rayures colorées à la base.

Notice myboshi
Commencement par le haut du bonnet, valable pour les tailles S, M et L

En C1, monter 4 mailles en l'air et les fermer en rond. Pour cela, piquer le crochet dans la première maille en l'air et faire une maille coulée pour former un petit rond. Crocheter ensuite une maille en l'air.

Toujours fermer les tours par une maille coulée, et crocheter ensuite une maille en l'air supplémentaire (bien serrer la maille coulée, laisser la maille en l'air un peu plus lâche).

Les tours sont fermés afin d'éviter un décalage lors du changement de couleur.

Lors d'un changement de couleur, piquer dans la première maille (demi-bride) par l'avant, puis former la maille coulée avec l'ancienne couleur et la maille en l'air avec la nouvelle. Former la première demi-bride en piquant le crochet dans le même trou que pour former la maille coulée et la maille en l'air.

Taille M

1er tour
C1 - former 11 demi-brides dans le rond du début = 11 M.

2e tour
C1 - doubler chaque demi-bride, c'est-à-dire former deux demi-brides en piquant le crochet dans un même trou = 22 M.

3e tour
C1 - crocheter 2 demi-brides, doubler la 3ème demi-bride = 29 M.

4e tour
C1 - crocheter 3 demi-brides, doubler la 4ème demi-bride = 36 M.

5e tour
C1 - crocheter 4 demi-brides, doubler la 5ème demi-bride = 43 M.

6e tour
C1 - crocheter 5 demi-brides, doubler la 6ème demi-bride = 50 M.

7e - 9e tours
C1 - crocheter uniquement en demi-brides = 50 M.

10e + 11^{e} tours
C2 - crocheter uniquement en demi-brides = 50 M.

12e tour
C1 - crocheter uniquement en demi-brides = 50 M.

13e tour
C2 - crocheter uniquement en demi-brides = 50 M.

14e - 16e tours
C1 + C2 - répéter les tours 9 à 11 = 50 M.

17e tour
C1 - tour final/retour : crocheter des mailles serrées en sens inverse. Pour cela, il suffit de tourner le boshi sur son axe avec la dernière boucle reposant sur le crochet avant de crocheter.

Fin pour la taille M = 50 M.

Taille L
(La taille L est plus large de 4 mailles en tour de tête, et comporte un rang supplémentaire.)

1e - 6e tours
C1 - voir taille M - de 11 à 50 M.

7e tour
C1 - crocheter 11 demi-brides, doubler la 12ème demi-bride = 54 M.

8e - 10e tours
C1 - crocheter uniquement en demi-brides = 54 M.

11e + 12^e^ tours
C2 - crocheter uniquement en demi-brides = 54 M.

13e tour
C1 - crocheter uniquement en demi-brides = 54 M.

14e tour
C2 - crocheter uniquement en demi-brides = 54 M.

15e - 17e tours
C1 + C2 - répéter les tours 10 à 12 = 54 M.

18e tour
C1 - tour final/retour : crocheter des mailles serrées en sens inverse. Pour cela, il suffit de tourner le boshi sur son axe avec la dernière boucle reposant sur le crochet avant de crocheter.

Fin pour la taille L = 54 M.

Finitions
Bien coudre tous les fils.

Pour la **taille S**, au tour 5, faire comme au tour 4 en doublant la dernière maille du tour = 46 M., puis continuer en demi-brides simples, jusqu'au 15ème tour. Le 16ème tour (tour final) est un rang de mailles serrées crochetées dans le sens inverse.

Atama

Sac pochette Daito

Le sac pochette Daito t'accompagnera au quotidien. Convient pour les tablettes / mini PC jusqu'à 25 x 20 cm.

Sac pochette Daito

Niveau

Le sac pochette Daito est d'une réalisation rapide et facile. Les objets essentiels y trouveront leur place, et tu pourras l'emmener partout.

Crochet
10 mm DMC, aiguille à broder / à repriser

Fournitures
Laine myboshi n°1

Couleurs
Couleur 1 (220 g)
Couleur 2 (30 g)

Échantillon test
10 x 10 cm = 12 demi-brides x 8 rangs, avec un crochet de 6,0 mm

Dimensions
Hauteur env. 29 cm, largeur env. 27 cm

Explications
Dans un premier temps, crocheter le sac pochette Daito en demi-brides en rangs aller et retour, formant ainsi un grand rectangle. Afin de consolider le sac, crocheter le fil en double avec un crochet 10 mm de grand format. Assembler ensuite les côtés sur une partie de la longueur, un rabat servant à fermer le sac.

Notice myboshi
Commencement par le bas

En travaillant le fil de C1 en double à l'aide du crochet 10 mm, monter 20 mailles en l'air + 1 maille en l'air pour tourner.

> ***ATTENTION*** *: ne pas oublier la maille en l'air pour tourner à la fin de chaque rang.*

Travailler désormais uniquement en demi-brides.

1er rang
C1 - crocheter uniquement en demi-brides = 20 M.

2e - 30e rangs
C1 - crocheter uniquement en demi-brides = 20 M.

> ***ATTENTION*** *: conserver désormais un seul fil de C1, auquel vient s'ajouter un fil de C2.*

31e - 40e rangs
C1 + C2 - crocheter uniquement en demi-brides = 20 M.

Finitions et bord décoratif
Tout d'abord, coudre soigneusement tous les fils.

Poser ensuite le sac à plat devant soi, face intérieure dehors. Le bord étroit est situé en bas.

Puis, en C1, réaliser une couture vers le haut pour border les 15 premiers rangs, et assembler ainsi les côtés en mailles serrées ou mailles coulées.

Rabattus vers le milieu, les 10 rangs les plus hauts en C1 + C2 servent désormais à fermer le sac.

Avec un double fil de C2, crocheter la bordure décorative dans la face interne du bord supérieur (premier rang) du sac. Piquer ensuite dans la première maille, et ramener le fil double à travers celle-ci. Pour terminer la bordure décorative, former à présent une maille coulée dans chaque maille en travaillant de droite à gauche.

C est l'abréviation de couleur, Tr l'abréviation de tour, M l'abréviation de mailles.

myboshi
trouver l'étiquette parfaite

1ère génération
Voici nos premier boshis. Il est à peine croyable que ces modèles soient à l'origine de notre succès. Par conséquent, nous ne pouvons qu'encourager tous ceux qui débutent au crochet.

N'ayant pas encore d'étiquette, nous brodions alors péniblement le nom de notre entreprise. La qualité des modèles, elle aussi, laissait à désirer, car nous ne disposions que d'un terne fil acrylique japonais ; plus qu'un bonnet, leur forme rappelait celle d'un chapeau crocheté agrémentant les plages arrière des voitures de nos grands-pères, et il fallait les porter longtemps pour les trouver confortables. En effet, crocheté en mailles serrées, le fil devenait rêche comme de la paille.

2e génération
Eh oui, la deuxième génération reflète bien plus de professionnalisme. Nous avons développé notre première étiquette à coudre, avec une inscription brodée. Progressivement, nous avons relâché nos mailles serrées, utilisant un fil de meilleure qualité pour chaque nouveau bonnet.

myboshi

3e génération
Chaque boshi est une pièce originale, aucun n'étant identique à un autre. Nos amis, nos connaissances, et même des étrangers nous fournissent régulièrement des fils et restes de fils. Le confort du bonnet dépend encore de l'enthousiasme du crocheteur à expérimenter des fils. Considéré comme une pièce unique, chaque boshi est vendu avec la même nouvelle étiquette myboshi, représentant un squelette.

Notre dernière réalisation : la boîte Myboshi

4e génération
Le client ne peut résister à la diversité des designs de myboshi. Grâce au configurateur de boshis, il est désormais libre de composer son modèle préféré avec ou sans pompon, dans les couleurs de son choix. Lavables à 30 degrés, les boshis sont maintenant d'un confort absolu. Désormais, tous les boshis sont vendus avec l'actuel logo myboshi.

Sac Fuji

Tu raffoleras de ton sac Fuji.
Pour le shopping, le cours de musique ou les promenades en ville, tu y mettras toutes tes affaires jusqu'au format A4.

Sac Fuji

Niveau

Des rayures astucieuses d'un bout à l'autre.

Crochet
6 mm DMC, aiguille à broder / à repriser

Fournitures
Laine myboshi n°1

Couleurs
Couleur 1 (90 g)
Couleur 2 (90 g)

Échantillon test
10 x 10 cm = 12 demi-brides x 8 rangs

Dimensions
Largeur : env. 28 cm, hauteur : env. 30 cm, longueur de la bandoulière : env. 90 cm.

Explications
Crocheter le sac Fuji en demi-brides en alternant deux couleurs. Toujours positionner le fil de la couleur utilisée le long de l'ouvrage, dans le sens inverse à ce dernier.

Notice myboshi
Fond du sac

Crocheter le sac en rond, les tours étant formés en demi-brides.

En C1, monter 30 mailles en l'air + une maille en l'air pour tourner l'ouvrage.

***ATTENTION** : le sac est crocheté en spirale.*

Toujours commencer un nouveau tour par une première maille en C1. S'il te semble difficile de retrouver le début du tour, tu peux l'indiquer avec une épingle à nourrice.

Toujours positionner souplement le fil de la couleur utilisée dans le sens inverse à l'ouvrage, et le crocheter ainsi dans les mailles. Lors de la formation des demi-brides dans une couleur, placer le fil de la couleur non utilisée le long de l'ouvrage, puis crocheter dans la maille en recouvrant le fil non utilisé. Le fil non crocheté traverse donc le rang en étant recouvert par les mailles crochetées.

Travailler désormais uniquement en demi-brides.

1er tour
C1 + C2 - crocheter 15 demi-brides en C1 et 15 demi-brides en C2 ; pour cela, piquer uniquement dans la boucle arrière des mailles en l'air. Pour l'étape suivante, tourner l'ouvrage à 180 degrés dans le sens des aiguilles d'une montre, puis piquer uniquement dans la boucle avant des mailles en l'air. Crocheter 15 nouvelles demi-brides en C2, en positionnant bien le fil C1 le long de l'ouvrage pour l'intégrer à l'intérieur des demi-brides crochetées (explications ci-dessus). Crocheter 15 demi-brides en C1.
Il se forme donc en tout 30 demi-brides en C1 et 30 demi-brides en C2. = 60 M.

2e tour
C1 + C2 - 15 demi-brides C1 : pour former ces mailles, commencer par piquer dans la première demi-bride du tour précédent, et former la dernière demi-bride dans la première demi-bride de C2 de ce même tour. Sauter par conséquent la dernière maille de C1. Crocheter 30 demi-brides en C2, puis 15 demi-brides en C1.
Finalement, il se forme en tout 30 demi-brides de C1 et 30 demi-brides de C2 = 60 M.

C est l'abréviation de couleur, Tr l'abréviation de tour, M l'abréviation de mailles.

3e - 20e tours
C1 + C2 - 15 demi-brides en C1 : à cette étape, crocheter systématiquement la dernière demi-bride dans la première demi-bride de C2 du tour précédent ; puis crocheter 30 demi-brides en C2, en formant systématiquement la dernière demi-bride dans la première demi-bride de C1. Crocheter 15 demi-brides en C1.

Dans un tour, il se forme donc systématiquement 30 demi-brides de C1 et 30 demi-brides de C2 = 60 M.

> ***ATTENTION** : lors d'un nouveau tour, le début de la C1 est désormais toujours décalé d'une maille.*

Couper les fils de C1 et de C2 à 15 cm environ.

Bandoulière

La bandoulière est constituée de deux parties. Un deuxième fil est intégré à l'ouvrage pour la rendre plus solide.

Commencement
Monter 50 mailles en l'air en C1 + un maille en l'air pour tourner.

> ***ATTENTION** : ne pas oublier la maille en l'air pour tourner l'ouvrage à la fin de chaque rang !*

1er rang
C1 - crocheter 50 demi-brides = 50 M.

> ***ATTENTION** : afin de consolider la bretelle, le premier fil de C1 tient maintenant lieu de fil de renforcement, le deuxième servant à crocheter. Le deuxième fil se crochète en incluant le premier fil (comme ci-dessus), qui viendra traverser les mailles dans toute la longueur du rang. Effectuer désormais l'alternance entre les deux fils à chaque rang. Toujours bien tirer le fil de renforcement afin de tendre la bretelle.*

2e - 5e rangs
C1 + C1- changer de fil à crocheter une fois le rang terminé, intégrer le fil de renforcement et travailler alors en mailles simples = 50 M.

Répéter les opérations précédentes avec, cette fois-ci, deux fils en C2.

Après avoir réalisé les 2 morceaux (C1 et C2) de la bandoulière, bien coudre les fils des deux bretelles, puis assembler ces deux parties à l'un de leurs bords étroits.

***ASTUCE** : pour assembler les deux parties de la bandoulière, il est possible d'utiliser l'extrémité du fil de l'une d'entre elles.*

Finitions

Poser le sac à plat devant soi face intérieure dehors, et bien coudre tous les fils. A présent, à l'aide d'une aiguille à repriser, bien fixer la bandoulière aux côtés gauche et droit du sac par une couture sur toute la largeur de la bretelle. Pour cela, positionner chaque extrémité de la bandoulière au niveau du 14ème rang, puis coudre la bretelle en angle droit.

***ASTUCE** : pour faciliter la couture de la bandoulière, fixer préalablement cette dernière à l'aide d'une épingle.*

myboshi

myboshi Sudoku

3	8	6		2				
					6			7
				4	3		2	
4	7		1	3				2
			5		4			
8				9	7		4	5
	2		6	7				
9			4					
				1		2	9	8

Echarpe Hikone

Avec ses mouchets, la longue écharpe classique Hikone est à la fois originale, chaude et douillette !

Echarpe Hikone

Niveau

Modèle alliant simplicité et raffinement de la maille.

Crochet
6 mm DMC, aiguille à broder / à repriser

Fournitures
Laine myboshi n°1

Couleurs
Couleur 1 (250 g)
Couleur 2 (50 g)
Couleur 3 (50 g)

Échantillon test
10 x 10 cm = 12 brides simples x 5 rangs

Dimensions
Longueur : env. 170 cm, largeur : env. 24 cm

Explications
L'écharpe Hikone est crochetée en rangs aller et retour en brides simples, mouchets et groupes de brides.

Modèle des mouchets
Un mouchet se compose de 3 brides simples, celles-ci étant crochetées ensemble. Pour cela, faire un jeté, piquer le crochet, prendre le fil et le ramener à travers la maille, reprendre le fil de la pelote et le passer à travers les deux premières boucles. Deux boucles reposent alors sur le crochet. A nouveau, faire un jeté, piquer le crochet, prendre le fil et le ramener à travers la maille, reprendre le fil de la pelote et le passer à travers les deux premières boucles se trouvant sur le crochet. Trois boucles reposent désormais sur le crochet. Faire un jeté supplémentaire, piquer le crochet, prendre le fil et le ramener à travers la maille, reprendre le fil de la pelote et le passer à travers les deux premières boucles. Quatre boucles reposent désormais sur le crochet. Prendre le fil et le ramener à travers les 4 boucles. Votre mouchet est terminé !

***ATTENTION** : une fois le mouchet réalisé, ne pas oublier de crocheter systématiquement une maille en l'air.*

Groupe de brides (groupe)
Un groupe de brides se compose d'une bride simple, d'une maille en l'air et d'une autre bride simple formée dans un même trou.

Notice myboshi
Commencement
En C1, monter 25 mailles en l'air + 2 mailles en l'air pour tourner.

***ATTENTION** : ne pas oublier les 2 mailles en l'air pour tourner l'ouvrage à la fin de chaque rangée ! Si la couleur change dans le rang suivant, crocheter d'ores et déjà la maille en l'air pour tourner dans la nouvelle couleur.*

Travailler désormais en brides simples.
Les autres types de mailles sont désignés par leur nom.

1er rang
C1 - sauter les deux mailles pour tourner présentes à l'extrémité du crochet et crocheter uniquement en brides simples = 25 M.

2e rang
C2 - crocheter une bride simple, (crocheter un mouchet, une maille en l'air et sauter par contre la maille qui suit), répéter la parenthèse 10 fois en tout, crocheter une maille simple
= 11 mouchets / 2 brides simples

C est l'abréviation de couleur, Tr l'abréviation de tour, M l'abréviation de mailles.

3e rang
C3 - procéder comme pour le rang 2
= 11 mouchets / 2 brides simples

4e - 11e rangs
C2 + C3 - répéter 4 fois les rangs 2 + 3
= 11 mouchets / 2 brides simples

12e - 14e rangs
C1 - crocheter uniquement en brides simples = 25 M.

15e rang
C1 - (crocheter une bride simple, sauter une maille, crocheter un groupe de brides, sauter une maille). Répéter la parenthèse 5 fois, puis crocheter une bride simple
= 6 groupes de brides / 7 brides simples

16e - 75e rangs
C1 - répéter les rangs 12 à 15 = 25 M.
= 6 groupes de brides / 7 brides simples

76e - 78e rangs
C1 - crocheter uniquement en brides simples, en formant également une bride dans la maille en l'air entre les groupes de brides = 25 M.

79e rang
C3 - procéder comme pour le rang 2
= 11 mouchets / 2 brides simples

80e rang
C2 - procéder comme pour le rang 2
= 11 mouchets / 2 brides simples

81e - 89e rangs
C3 + C2 - répéter 4 fois les rangs 79 + 80
= 11 mouchets / 2 brides simples

90e rang
C1 - crocheter uniquement en brides simples = 25 M.

Finitions
Bien coudre tous les fils.

myboshi
aventures et émotions

Myboshi existe au travers des nombreuses aventures que nous vivons quotidiennement aux côtés de nos fans, comme s'il s'agissait du premier jour. Même si le temps libre se fait plus rare et si nos responsabilités se sont considérablement accrues, chaque nouvel événement nous remplit d'une grande fierté.

Depuis son départ, notre histoire est si époustouflante que nous nous avons cru rêver en tenant entre nos mains notre premier ouvrage, intitulé « myboshi 1.0 ».

Bien sûr, nous savions à quoi allait ressembler ce livre, mais nous ne disposions encore d'aucun exemplaire lorsque sont arrivées les premières félicitations. Ayant pris la route pour une très grande librairie de Munich, nous avons enfoncé nos boshis jusqu'aux yeux et avons pris cette photo souvenir. Nous ne pouvons décrire l'émotion ressentie à tenir notre premier livre entre nos mains.

Sac Hikone

Dans le sac Hikone, tu pourras ranger toutes les affaires dont tu as besoin pour une balade décontractée. D'un esprit hippie, il attirera tous les regards par ses coloris bigarrés.

Sac Hikone

Niveau 4/5

Alterner mouchets et demi-brides. Tu obtiendras ainsi un sac exceptionnel, avec des dimensions idéales pour la plage.

Crochet
6 mm DMC, aiguille à broder / à repriser

Fournitures
Laine myboshi n°1

Couleurs
Couleur 1 (250 g)
Couleur 2 (150 g)
Couleur 3 (150 g)

Échantillon test
10 x 10 cm = 12 demi-brides x 8 rangs

Dimensions
Diamètre au bord supérieur : env. 42,5 cm, hauteur : env. 42 cm

Explications
Crocheter le sac Hikone en demi-brides et en mouchets. Crocheter la bandoulière à part, et l'assembler au sac à la fin.

Modèle des mouchets
Un mouchet se compose de 3 brides simples, celles-ci étant crochetées ensemble. Pour cela, faire un jeté, piquer le crochet, prendre le fil et le ramener à travers la maille, reprendre le fil de la pelote et le passer à travers les deux premières boucles. Deux boucles reposent alors sur le crochet. A nouveau, faire un jeté, piquer le crochet, prendre le fil et le ramener à travers la maille, reprendre le fil de la pelote et le passer à travers les deux premières boucles se trouvant sur le crochet. Trois boucles reposent désormais sur le crochet. Faire un jeté supplémentaire, piquer le crochet, prendre le fil et le ramener à travers la maille, reprendre le fil de la pelote et le passer à travers les deux premières boucles. Quatre boucles reposent désormais sur le crochet. Prendre le fil et le ramener à travers les 4 boucles. Votre mouchet est terminé !

***ATTENTION** : une fois le mouchet réalisé, ne pas oublier de crocheter systématiquement une maille en l'air.*

***ASTUCE** : pour crocheter le dernier mouchet de chaque tour, toujours prendre également le fil du tour précédent. Pour cela, il suffit de positionner le fil sur la boucle de la maille du tour précédent, et de former ainsi le groupe de mailles autour de cette maille et du fil. Le fil du tour précédent traverse donc les mailles qui viennent d'être crochetées. Ce procédé permet d'éviter que les fils du corps de l'ouvrage ne soient tendus.*

Notice myboshi pour réaliser le sac

Commencement par le fond

En C1, monter 4 mailles en l'air et les fermer en rond. Pour cela, piquer le crochet dans la première maille en l'air et faire une maille coulée pour former un petit rond. Crocheter ensuite une maille en l'air. Toujours fermer les tours par une maille coulée, et crocheter ensuite une maille en l'air supplémentaire (bien serrer la maille coulée, laisser la maille en l'air un peu plus lâche).

Les tours sont fermés afin éviter un décalage lors du changement de couleur.

Lors d'un changement de couleur, piquer dans la première maille (demi-bride) par l'avant, puis former la maille coulée avec l'ancienne couleur et la maille en l'air avec la nouvelle. Former la première demi-bride en piquant le crochet dans le même trou que pour former la maille coulée et la maille en l'air.

***ATTENTION** : crocheter une maille en l'air dans les tours constitués de demi-brides, et 2 mailles en l'air dans les tours formés par des mouchets. La notice détaillée ci-dessous fournit les explications sur la façon de piquer les mailles.*

C est l'abréviation de couleur, Tr l'abréviation de tour, M l'abréviation de mailles.

Travailler désormais uniquement en demi-brides.
Les autres types de mailles sont désignés par leur nom.

Fond

1er tour
C1 - former 12 demi-brides dans le rond du début = 12 M.

2e tour
C1 - doubler chaque demi-bride, c'est-à-dire former deux demi-brides en piquant le crochet dans le même trou = 24 M.

3e tour
C1 - crocheter une demi-bride, doubler la 2ème demi-bride = 36 M.

4e tour
C1 - crocheter 2 demi-brides, doubler la 3ème demi-bride = 48 M.

5e tour
C1 - crocheter 3 demi-brides, doubler la 4ème demi-bride = 60 M.

6e tour
C1 - crocheter 4 demi-brides, doubler la 5ème demi-bride = 72 M.

7e tour
C1 - crocheter 5 demi-brides, doubler la 6ème demi-bride = 84 M.

Bordure du fond

8e tour
C1 - pour la bordure du fond, crocheter toutes les demi-brides de la façon suivante :
faire un jeté, piquer devant les brins de la première demi-bride par l'arrière, le crochet ressort par devant puis le piquer dans le trou suivant par l'avant ; ramener le fil à travers la maille, prendre une nouvelle fois le fil et former ainsi la demi-bride. Crocheter en entourant pour ainsi dire les brins de la demi-bride = 84 M.

Partie formant les côtés du sac

9e tour
C2 - crocheter un mouchet + une maille en l'air, sauter une maille. Répéter jusqu'à obtenir 42 mouchets.

> ***ATTENTION** : toujours crocheter une maille en l'air entre les mouchets !*

10e tour
C3 - crocheter systématiquement les mouchets autour des mailles en l'air du tour précédent = 42 mouchets

11e tour
C2 - crocheter des mouchets = 42 mouchets

12e tour
C3 - crocheter des mouchets = 42 mouchets

13e tour
C1 - crocheter 2 demi-brides autour de chacune des mailles en l'air du tour précédent = 84 M.

14e - 18e tours
C1 - crocheter uniquement en demi-brides = 84 M.

19e - 22e tours
C2 - répéter une fois les Tr 9 à 12 = 42 mouchets

23e tour
C1 - crocheter 2 demi-brides autour de chacune des mailles en l'air du tour précédent = 84 M.

24e - 26e tours
C1 - crocheter uniquement en demi-brides = 84 M.

27e - 30e tours
C2 - répéter une fois les Tr 9 à 12 = 42 mouchets

31e tour
C1 - crocheter 2 demi-brides autour de chacune des mailles en l'air du tour précédent = 84 M.

32e tour
C1 - crocheter 4 mailles serrées, 2 demi-brides = 84 M.

33e + 34e tours
C1 - crocheter 4 mailles serrées, 2 demi-brides = 84 M.

Bandoulière

Réaliser la bandoulière en demi-brides, en crochetant un seul fil, un deuxième fil traversant étant intégré pour la rendre plus solide (pelote supplémentaire pour le fil de renforcement).

Commencement

Monter 160 mailles en l'air en C1 + un maille en l'air pour tourner.

> ***ATTENTION** : ne pas oublier la maille en l'air pour tourner à la fin de chaque rang !*

1er rang
C1 - crocheter uniquement en mailles serrées = 160 M.

> ***ATTENTION** : afin de consolider la bretelle, le premier fil de C1 tient maintenant lieu de fil de renforcement, le deuxième servant à crocheter. Le deuxième fil se crochète en incluant le premier fil, qui viendra traverser les mailles dans toute la longueur du rang. Effectuer désormais l'alternance entre les deux fils à chaque rang. Toujours bien tirer le fil de renforcement afin de tendre la bretelle.*

2e rang
C1 + C1 - débuter le rang avec le nouveau fil de travail et crocheter en mailles serrées = 160 M.

3e - 7e rangs
C1 + C1 - toujours changer de fil à crocheter une fois le rang terminé, intégrer le fil présent en renforcement et travailler alors en mailles serrées = 160 M.

Chaînettes de mailles en l'air

Pour pouvoir lacer le sac, il reste à réaliser deux chaînettes de mailles en l'air.
Pour cela, en C2, monter deux chaînettes avec chacune 110 mailles en l'air, couper le fil à 10 centimètres environ, puis tirer le fil après l'avoir introduit dans la dernière boucle.

Finitions

Poser le sac à plat devant soi face intérieure dehors, et bien coudre tous les fils. A présent, à l'aide d'une aiguille à repriser, bien fixer la bandoulière aux côtés gauche et droit du sac par une couture sur toute la largeur de la bretelle. Pour cela, positionner chaque extrémité de la bandoulière au niveau du 8ème tour crocheté dans le fond, puis coudre la bretelle en angle droit. Mieux vaut éviter de coudre la bandoulière au milieu, car cela empêcherait de tirer le lacet passé dans le bord supérieur du sac.

Lacet

Il faut donc poser le sac correctement centré devant soi, en positionnant la bandoulière sur les côtés. Il suffit alors de faire passer les deux chaînettes de mailles en l'air à travers chaque groupe de 2 demi-brides du 32ème rang.

Sac Hikone

Ikoma

Ikoma, le bonnet classique crocheté en trois couleurs, présente un port joliment ajusté. Ce boshi est également l'accessoire idéal des supporters s'il est crocheté aux couleurs nationales.

Ikoma

Niveau

Le boshi Ikoma est fait pour toutes les têtes. Composé de trois bandes de couleur, il s'ajuste parfaitement à la forme de la tête. Idéal pour ceux qui aiment attirer les regards. Avec ses couleurs contrastées, c'est le succès garanti !

Crochet
6 mm DMC, aiguille à broder / à repriser

Fournitures
Laine myboshi n°1

Couleurs
Couleur 1 (20 g)
Couleur 2 (35 g)
Couleur 3 (35 g)

Échantillon test
10 x 10 cm = 12 demi-brides x 8 rangs

Tour de tête
Taille M (52 - 56 cm), taille L (57 - 60 cm)

Série de couleurs

Pour la taille M :	**Pour la taille L :**
C1 : 1er - 5e Tr = 5 Tr	**C1 : 1er - 6e Tr = 6 Tr**
C2 : 6e - 11e Tr = 6 Tr	**C2 : 7e - 12e Tr = 6 Tr**
C3 : 12e - 16e Tr = 5 Tr	**C3 : 13e - 17e Tr = 5 Tr**
C3 : 17e Tr : tour final/ retour	**C3 : 18e Tr : tour final/ retour**

Notice myboshi

Commencement par le dessus valable pour les tailles M et L

En C1, monter 4 mailles en l'air et les fermer en rond. Pour cela, piquer le crochet dans la première maille en l'air et faire une maille coulée pour former un petit rond. Crocheter ensuite une maille en l'air.

Toujours fermer les tours par une maille coulée, et crocheter ensuite une maille en l'air supplémentaire (bien serrer la maille coulée, laisser la maille en l'air un peu plus lâche).

Les tours sont fermés afin d'éviter un décalage lors du changement de couleur.

Lors d'un changement de couleur piquer dans la première maille (demi-bride) par l'avant, puis former la maille coulée avec l'ancienne couleur et la maille en l'air avec la nouvelle. Former la première demi-bride en piquant le crochet dans le même trou que pour former la maille coulée et la maille en l'air.

Travailler désormais uniquement en demi-brides.

Taille M

1er tour
C1 - crocheter 11 demi-brides dans le rond du début = 11 M.

2e tour
C1 - doubler chaque demi-bride, c'est-à-dire former deux demi-brides en piquant le crochet dans un même trou = 22 M.

3e tour
C1 - crocheter 2 demi-brides, doubler la 3ème demi-bride = 29 M.

4e tour
C1 - crocheter 3 demi-brides, doubler la 4ème demi-bride = 36 M.

5e tour
C1 - crocheter 4 demi-brides, doubler la 5ème demi-bride = 43 M.

6e tour
C2 - crocheter 5 demi-brides, doubler la 6ème demi-bride = 50 M.

7e - 11e tours
C2 - crocheter uniquement en demi-brides = 50 M.

12e - 16e tours
C3 - crocheter uniquement demi-brides = 50 M.

17e tour
C3 - tour final/retour : crocheter des mailles serrées en sens inverse. Pour cela, il suffit de tourner le boshi sur son axe avec la dernière boucle reposant sur le crochet avant de crocheter.

Fin pour la taille M = 50 M.

C est l'abréviation de couleur, Tr l'abréviation de tour, M l'abréviation de mailles.

Taille L
(La taille L est plus large de 4 mailles en tour de tête, et comporte un rang supplémentaire.)

1er - 5e tours
C1 - voir taille M = 11 - 43 M.

6e tour
C1 - crocheter 5 demi-brides, doubler la 6ème demi-bride = 50 M.

7e tour
C2 - crocheter 11 demi-brides, doubler la 12ème demi-bride = 54 M.

8e - 12e tours
C2 - crocheter uniquement en demi-brides = 54 M.

13e - 17e tours
C3 - crocheter uniquement en demi-brides = 54 M.

18e tour
C3 - tour final/retour : crocheter des mailles serrées en sens inverse. Pour cela, il suffit de tourner le boshi sur son axe avec la dernière boucle reposant sur le crochet avant de crocheter.

Fin pour la taille L = 54 M.

Finitions
Bien coudre tous les fils.

Variations de couleurs

Ikoma

myboshi
la laine

Il fut un temps où nous utilisions tous les restes de laines de nos familles, et où nous étions inquiets d'assurer le niveau de qualité de nos produits.

Sachant de plus que les enfants étaient toujours plus nombreux à porter un boshi, il nous fallait une qualité parfaite. Il nous importait également de veiller aux conditions de production de notre laine, et de prendre en compte le développement durable.

Les fils devaient non seulement éblouir par leurs couleurs lumineuses, mais aussi respecter l'environnement et notre peau. Dans ce domaine, nous sommes déterminés à utiliser des matériaux d'excellente qualité pour minimiser les risques d'allergie, tout comme nous nous soucions du filage optimal de la laine.

Les instructions des bonnets portés par Felix et Thomas sont disponibles dans le guide de crochet Vol. 5.

Ikoma enfant

Le boshi Ikoma enfant est fait pour toutes les têtes.
D'un port joliment ajusté, il se compose de trois bandes tricolores. Idéal pour qui souhaite attirer les regards !

myboshi

Ikoma enfant

Niveau

Crochet
6 mm DMC, aiguille à broder / à repriser

Fournitures
Laine myboshi n°1

Couleurs
Couleur 1 (25 g)
Couleur 2 (25 g)
Couleur 3 (15 g)

Échantillon test
10 x 10 cm = 12 demi-brides x 8 rangs

Tour de tête
Taille S (47 - 51 cm)

Série de couleurs
C1 : 1er - 7e Tr = 7 Tr
C2 : 8e - 12e Tr = 5 Tr
C3 : 13e - 15e Tr = 3 Tr
C3 : 16e Tr : tour final / retour

Notice myboshi

Commencement par le dessus

En C1, monter 4 mailles en l'air et les fermer en rond. Pour cela, piquer le crochet dans la première maille en l'air et faire une maille coulée pour former un petit rond. Crocheter ensuite une maille en l'air.

Toujours fermer les tours par une maille coulée, et crocheter ensuite une maille en l'air supplémentaire (bien serrer la maille coulée, laisser la maille en l'air un peu plus lâche).

Les tours sont fermés afin d'éviter un décalage lors du changement de couleur.

Lors d'un changement de couleur, piquer dans la première maille (demi-bride) par l'avant, puis former la maille coulée avec l'ancienne couleur et la maille en l'air avec la nouvelle. Former la première demi-bride en piquant le crochet dans le même trou que pour former la maille coulée et la maille en l'air.

Travailler désormais uniquement en demi-brides.

1er tour
C1 - former 11 demi-brides dans le rond du début = 11 M.

2e tour
C1 - doubler chaque demi-bride, c'est-à-dire former deux demi-brides en piquant le crochet dans un même trou = 22 M.

3e tour
C1 - crocheter 2 demi-brides, doubler la 3ème demi-bride = 29 M.

4e tour
C1 - crocheter 3 demi-brides, doubler la 4ème demi-bride = 36 M.

5e tour
C1 - doubler la première demi-bride ; ensuite, crocheter systématiquement 3 demi-brides puis doubler la 4ème demi-bride, et doubler la dernière demi-bride du tour = 46 M.

6e + 7e tours
F1 - crocheter uniquement en demi-brides = 46 M.

8e - 12e tours
C2 - crocheter uniquement en demi-brides = 46 M.

13e - 15e tours
C3 - crocheter uniquement en demi-brides = 46 M.

16e tour
C3 - tour final / retour : crocheter des mailles serrées en sens inverse. Pour cela, il suffit de tourner le boshi sur son axe avec la dernière boucle reposant sur le crochet avant de crocheter.

Fin pour la taille S = 46 M.

Finitions
Bien coudre tous les fils.

C est l'abréviation de couleur, Tr l'abréviation de tour, M l'abréviation de mailles.

Ikoma enfant

Configure ton modèle Ikoma
www.myboshi.fr

myboshi
histoires de cœur

Nous aimons soutenir des projets exceptionnels, ou entreprendre des actions communes pour attirer l'attention du public sur la créativité de beaucoup d'entreprises et de personnes. Dans cette démarche, nous avons trouvé à coopérer avec les partenaires les plus divers, et développé des projets communs qui dépassaient notre imagination.Nous aimerions maintenant vous présenter l'un d'entre eux.

WORLD WIDE AWARENESS

WWW.PINKRIBBON-DEUTSCHLAND.DE

Pink Ribbon

Le cancer du sein est le cancer le plus répandu chez les femmes. Chaque année, en Allemagne, 17 000 femmes décèdent d'un carcinome mammaire, le cancer de la glande mammaire. En Allemagne, 74 000 nouveaux cas sont déclarés par an (Robert Koch Institut, 2012). L'une des missions de Pink Ribbon Allemagne est de sensibiliser le public à l'importance d'un dépistage précoce. En effet, pour permettre le processus de guérison, il est essentiel de dépister la maladie suffisamment tôt.

Nous soutenons Pink Ribbon Allemagne en offrant un nœud au crochet de couleur rose, réalisé ou à faire soi-même. Le nœud rose « Pink Ribbon » est le symbole mondial de la sensibilisation et de l'engagement de la lutte contre le cancer du sein. De plus, les recettes sont reversées intégralement à cette association.

« Crochète-toi un ruban rose ! »

Disney DIE EISKÖNIGIN VÖLLIG UNVERFROREN

© Disney

« La Reine des neiges » Walt Disney

En automne 2013, nous avons été approchés par la société Disney, pour dessiner Olaf et Sven, les deux personnages principaux de « La Reine des Neiges » le film de Noël de l'année ; la société nous proposait donc d'élaborer, suivant le concept original myboshi, une notice d'activité manuelle pour la période de Noël.

Nous avons été très heureux de réaliser au crochet ces deux personnages sympathiques.

Izumo

Izumo, notre boshi rasta : quatre rangs ajustés permettent d'obtenir un maintien confortable, et la coiffure trouve toute sa place à l'arrière du bonnet.

Izumo

Niveau

Le boshi Izumo est un gavroche à deux bandes colorées, avec également une bordure de couleur.

Crochet
6 mm DMC, aiguille à broder / à repriser

Fournitures
Laine myboshi n°1

Couleurs
Couleur 1 (80 g)
Couleur 2 (10 g)

Échantillon test
10 x 10 cm = 12 brides x 5 rangs

Tour de tête
Taille M (52 - 56 cm), taille L (57 - 60 cm)

Série de couleurs

Pour la taille M :	**Pour la taille L :**
C1 : 1er - 5e Tr	**C1 : 1er - 5e Tr**
C2 : 6e	**C2 : 6e Tr**
C1 : 7e - 9e Tr	**C1 : 7e - 9e Tr**
C2 : 10e Tr	**C2 : 10e Tr**
C1 : 11e - 17e Tr	**C1 : 11e - 18e Tr**
C2 : 18e Tr : rang final/ retour	**C2 : 19e Tr : rang final/ retour**

Explications
Crocheter le modèle Izumo en brides simples, la zone de maintien étant réalisée en mailles serrées.

Fermer des brides simples ensemble
Faire un jeté, piquer le crochet et prendre le fil. Trois boucles reposent sur le crochet. Faire un nouveau jeté, et ramener le fil à travers les deux premières boucles reposant sur le crochet. A présent, il reste deux boucles sur le crochet. Faire un jeté supplémentaire, piquer le crochet dans le trou suivant, prendre le fil de la pelote et le ramener à travers la maille. Reprendre le fil et le ramener à travers les deux premières boucles sur le crochet. Il reste trois boucles sur le crochet. A nouveau, prendre le fil et le ramener à travers les trois boucles.

Notice myboshi
Commencement par le dessus, valable pour les tailles M et L

En C1, monter 4 mailles en l'air et les fermer en rond. Pour cela, piquer le crochet dans la première maille en l'air et faire une maille coulée pour former un petit rond. Crocheter ensuite deux mailles en l'air.

Pour ce bonnet, il faut donc toujours fermer les tours par une maille coulée, et crocheter ensuite deux mailles en l'air supplémentaires (bien serrer la maille coulée, laisser les mailles en l'air un peu plus lâche).

Les tours sont fermés afin d'éviter un décalage lors du changement de couleur.

Lors d'un changement de couleur, piquer dans la première maille (bride simple ou maille serrée) par l'avant, puis former la maille coulée avec l'ancienne couleur et la maille en l'air avec la nouvelle. Former la première bride en piquant le crochet dans le même trou que pour former la maille coulée et la maille en l'air.

ATTENTION : *crocheter deux mailles en l'air au début des tours en brides simples, et une maille en l'air lors des tours en mailles serrées.*

Travailler désormais en brides simples. Les autres types de mailles sont désignés par leur nom.

Taille M
1er tour
C1 - former 11 brides dans le rond du début = 11 M.

2e tour
C1 - doubler chaque bride, c'est-à-dire former deux brides en piquant le crochet dans un même trou = 22 M.

3e tour
C1 - crocheter une bride, doubler la 2ème bride = 33 M.

C est l'abréviation de couleur, Tr l'abréviation de tour, M l'abréviation de mailles.

4e tour
C1 - crocheter 2 brides, doubler la 3ème bride = 44 M.

5e tour
C1 - crocheter 3 brides, doubler la 4ème bride = 55 M.

6e tour
C2 - crocheter uniquement en brides, puis doubler la dernière bride = 56 M.

7e - 9e tours
C1 - crocheter uniquement en brides = 56 M.

10e tour
C2 - crocheter uniquement en brides = 56 M.

11e tour
C1 - fermer les brides 11 + 12, 21 + 22, 32 + 33 et 44 + 45 ensemble par paires = 52 M. (explications ci-dessus)

12e tour
C1 - fermer les brides 5 + 6 et 47 + 48 ensemble par paires = 50 M.

13e - 17e tours
C1 - crocheter des mailles serrées = 50 M.

18e tour
C2 - tour final/retour : crocheter des mailles serrées en sens inverse. Pour cela, il suffit de tourner le boshi sur son axe avec la dernière boucle reposant sur le crochet avant de crocheter.

Fin pour la taille M = 50 M.

Taille L

(La taille L est plus large de 4 mailles en tour de tête, et comporte un rang supplémentaire.)

1er - 5e tours
C1 - voir taille M = 11 - 55 M.

6e tour
C2 - crocheter 11 brides puis doubler la 12ème bride, et doubler la dernière bride du tour = 60 M.

7e - 9e tours
C1 - crocheter uniquement en brides = 60 M.

10e tour
C2 - crocheter uniquement en brides = 60 M.

11e tour
C1 - crocheter uniquement en brides = 60 M.

12e tour
C1 - fermer les brides 11 + 12, 21 + 22, 32 + 33 et 44 + 45 ensemble par paires = 56 M. (explications ci-dessus)

13e tour
C1 - fermer les brides 5 + 6 et 47 + 48 ensemble par paires = 54 M.

14e - 18e tours
C1 - crocheter en mailles serrées = 54 M.

19e tour
C2 - tour final/retour : crocheter des mailles serrées en sens inverse. Pour cela, il suffit de tourner le boshi sur son axe avec la dernière boucle reposant sur le crochet avant de crocheter.

Fin pour la taille L = 54 M.

Finitions

Bien coudre tous les fils.

myboshi

Izumo

Izumo enfant

Izumo enfant est le préféré de nombreux bambins : chaud, il ne serre pas la tête, et les enfants restent bien coiffés.

Izumo enfant

Niveau

Le boshi Izumo enfant est un gavroche à deux bandes colorées, avec également une bordure de couleur.

Crochet
6 mm DMC, aiguille à broder / à repriser

Fournitures
Laine myboshi n°1

Couleurs
Couleur 1 (75 g)
Couleur 2 (10 g)

Échantillon test
10 x 10 cm = 12 brides x 5 rangs

Tour de tête
Taille S (47 - 51 cm)

Série de couleurs
Pour la taille S :
C1 : 1e - 5e Tr
C2 : 6e Tr
C1 : 7e - 9e Tr
C2 : 10e Tr
C1 : 11e - 15e Tr
C2 : 16e Tr : tour final / retour

Explications
Crocheter le modèle Izumo enfant en brides simples, la zone de maintien étant réalisée en mailles serrées.

Fermer des brides simples ensemble
Faire un jeté, piquer le crochet et prendre le fil. Trois boucles reposent sur le crochet. Faire un nouveau jeté, et ramener le fil à travers les deux premières boucles reposant sur le crochet. A présent, il reste deux boucles sur le crochet. Faire un jeté supplémentaire, piquer le crochet dans le trou suivant, prendre le fil de la pelote et le ramener à travers la maille. reprendre le fil et le ramener à travers les deux premières boucles sur le crochet. Il reste trois boucles sur le crochet. A nouveau, prendre le fil et le ramener à travers les trois boucles.

Notice myboshi
Commencement par le dessus

En C1, monter 4 mailles en l'air et les fermer en rond. Pour cela, piquer le crochet dans la première maille en l'air et faire une maille coulée pour former un petit rond. Crocheter ensuite deux mailles en l'air.

Pour ce bonnet, il faut donc toujours fermer les tours par une maille coulée, et crocheter ensuite deux mailles en l'air supplémentaires (bien serrer la maille coulée, laisser la maille en l'air un peu plus lâche).

Les tours sont fermés afin d'éviter un décalage lors du changement de couleur.

Lors d'un changement de couleur, piquer dans la première maille (bride simple ou maille serrée) par l'avant, puis former la maille coulée avec l'ancienne couleur et la maille en l'air avec la nouvelle. Former la première bride en piquant le crochet dans le même trou que pour former la maille coulée et la maille en l'air.

> ***ATTENTION :*** *crocheter deux mailles en l'air au début des tours en brides simples, et une maille en l'air lors des tours en mailles serrées.*

Travailler désormais en brides simples. Les autres types de mailles sont désignés par leur nom.

Taille S
1er tour
C1 - former 11 brides dans le rond du début = 11 M.

2e tour
C1 - doubler chaque bride, c'est-à-dire former deux brides en piquant le crochet dans un même trou = 22 M.

3e tour
C1 - crocheter 1 bride, doubler la 2ème bride = 33 M.

C est l'abréviation de couleur, Tr l'abréviation de tour, M l'abréviation de mailles.

4e tour
C1 - crocheter 2 brides, doubler la 3ème bride = 44 M.

5e tour
C1 - crocheter 5 brides, doubler la 6ème bride = 51 M.

6e tour
C2 - crocheter uniquement en brides, puis doubler la dernière bride = 52 M.

7e - 9e tours
C1 - crocheter uniquement en brides, doubler la 2ème bride = 52 M.

10e tour
C2 - crocheter uniquement en brides = 52 M.

11e tour
C1 - fermer les brides 15 + 16, 23 + 24, 31 + 32 et 39 + 40 ensemble par paires = 48 M. (explications ci-dessus)

12e tour
C1 - fermer les brides 7 + 8 et 40 + 41 ensemble par paires = 46 M.

13e - 15e tours
C1 - crocheter en mailles serrées = 46 M.

16e tour
C2 - tour final / retour : crocheter des mailles serrées en sens inverse. Pour cela, il suffit de tourner le boshi sur son axe avec la dernière boucle reposant sur le crochet avant de crocheter.

Fin pour la taille S = 46 M.

Finitions
Bien coudre tous les fils.

Variations de couleurs

Izumo enfant

Configure ton modèle Izumo
www.myboshi.fr

myboshi en Inde

Le Sambhali Trust est un organisme caritatif à but non lucratif, fondé en 2007 par Govind S. Rathore. Riche de ses expériences, cet organisme soutient les catégories de femmes les plus défavorisées et les plus exposées en Inde, les Dalits (Intouchables). Leurs droits et leur dignité sont bafoués quotidiennement, et il leur faut donc compter sur des aides de toutes sortes. Outre l'enseignement ordinaire en hindi et en anglais, le Sambhali Trust propose également des formations professionnelles. Les jeunes filles renforcent ainsi leur confiance en elles-mêmes. En construisant les bases de leur existence et de celle de leur famille, elles peuvent améliorer leurs conditions de vie, et changer ainsi durablement leur place dans la société.

A la fin de l'année dernière, myboshi a entrepris une grande action en travaillant avec une association bénévole de soutien, « Freunde für Sambhali e.V » (« Les Amis de Sambhali »). Une employée bénévole raconte ce qui nous a menés à cette action :

« L'idée de bonnets myboshi pour le Sambhali Trust m'est venue par l'intermédiaire de Govind S. Rathore, alors à la recherche de vêtements chauds pour les femmes et les jeunes filles de sa fondation, et par une connaissance qui, très fière de me montrer un bonnet qu'elle avait crocheté, m'a prêté le premier livre myboshi. Dans ce livre, j'ai trouvé non seulement la notice du bonnet, mais aussi la passionnante histoire de Thomas Jaenisch et Felix Rohland, les deux jeunes fondateurs de l'entreprise myboshi en 2009. Pour passer de l'idée à l'action, il ne nous manquait qu'un crochet et des restes de laine aux teintes vives, et c'est donc incidemment que nous avons crocheté nos premiers bonnets. De nouvelles ambitions sont nées, et je me suis également beaucoup amusée, car tout se passait en moins de temps qu'il ne faut pour le dire. A toute vitesse, nous avons donc crocheté vingt bonnets. J'ai tout d'abord écrit à quelques fournisseurs de laine pour en obtenir des dons, mais malheureusement, les entreprises ont ignoré ces demandes. L'histoire des deux gaillards crocheteurs de boshis m'étant revenue à l'esprit, et je leur ai également adressé une demande. L'étonnante réponse de Felix m'est parvenue le jour même. Très enthousiasmés par le projet Sambhali, ils souhaitaient nous offrir des bonnets. Peu de temps après, j'ai reçu un colis contenant quarante bonnets différents, et pu ainsi remettre en tout soixante bonnets à Lilli Lachenmann, ma camarade engagée elle aussi à la fondation. C'est ainsi qu'à la fin novembre 2013, elle a pris l'avion pour Jodhpur en emportant les bonnets dans sa valise, et les a remis à Govind et aux jeunes filles qui, très réjouies, se sont empressées de poser avec ces accessoires.

Nous avons ensuite remis une partie des bonnets à l'orphelinat public, Govind distribuant les articles restants à des familles dans les rues de Jodhpur. »

Echarpe Kanuma

Kanuma, notre écharpe douce, idéale pour toutes les occasions, parfaitement abordable pour les débutants.

Echarpe Kanuma

Niveau

L'écharpe Kanuma joue son rôle à la perfection ;) D'une douceur moelleuse, elle s'ajuste parfaitement autour du cou. Elle s'accorde parfaitement avec le bonnet Kanuma disponible dans le livre myboshi 1.0.

Crochet
6 mm DMC, aiguille à broder / à repriser

Fournitures
Laine myboshi n°1

Couleurs
Couleur 1 (350 g)

Échantillon test
10 x 10 cm = 12 demi-brides x 8 rangs

Dimensions
Largeur : env. 23 cm, longueur : env. 165 cm

Explications
Crocheter l'écharpe en demi-brides, en rangs aller et retour. Pour cela, piquer dans la demi-bride du rang précédent, uniquement dans le brin arrière de la maille (schéma en début de livre).

Notice myboshi
Commencement par le bas

En C1, monter 30 mailles en l'air + 1 maille en l'air pour tourner

ATTENTION : *ne pas oublier la maille en l'air pour tourner l'ouvrage à la fin de chaque rang.*

1e tour
C1 - crocheter uniquement en demi-brides = 30 M.

2e tour
C1 - crocheter uniquement en demi-brides : pour cela, piquer uniquement dans le brin arrière de la maille = 30 M.
Répéter dorénavant le deuxième rang jusqu'à utiliser l'ensemble des pelotes, ou jusqu'à ce que l'écharpe atteigne une longueur suffisante.

Avec cinq pelotes de laine, l'écharpe compte environ 123 rangs.

Finitions
Couper les derniers fils à 15 cm environ, et bien coudre tous les fils.

Gants Seiken
Notice de crochet
page 96

 C est l'abréviation de couleur, Tr l'abréviation de tour, M l'abréviation de mailles.

myboshi
championnat du monde de crochet

Le nombre de supporters myboshi augmentant, de plus en plus de gens sont devenus incapables de laisser leur crochet au repos ; ils ont donc crocheté bonnets et accessoires à une vitesse insoupçonnée, habillant famille et amis presque de la tête aux pieds.

Nous avons donc eu l'idée de découvrir qui, parmi les fans myboshi, crochèterait le plus vite au monde.

Début 2013, nous étions enfin arrivés à ce moment. Après avoir appelé aux pré-qualifications dans le monde entier, nous avons enfin trouvé les premiers intrépides qui prendraient part au championnat du monde de crochet Myboshi organisé à Zirndorf, près de Nuremberg.

Il fallait, le plus vite possible, crocheter une pelote (50 g) de laine myboshi pour en faire un bonnet. La réunion des participants était des plus variées. Le plus jeune d'entre eux avait à peine dix ans, la doyenne en comptant quatre-vingt-douze.

Hommes et femmes, passionnés de compétitions et accros du boshi, tous s'étaient fixé le même objectif : remporter le premier championnat du monde de crochet myboshi.

La gagnante fut la vietnamienne Hai Nguyen, ayant crocheté une pelote Myboshi n°1 en un temps record de huit minutes vingt-cinq.

Häkel WM

2. Platz
3. Platz

myboshi
Häkel WM 2014

EAGLES
79

Häkelprofis 6a/6g Mittelschule Oberasbach
Häkelprofis der 4. Klassen Grundschule Altenberg

Ketai

La housse de portable Ketai protégera ton téléphone en toutes circonstances. Crochète la selon tes envies, avec tes couleurs préférées.

Ketai

Niveau 1/5

Housse élégante, crochetée avec simplicité dans les fameuses demi-brides, et qui ressort par ses nombreuses rayures.

Crochet
6 mm DMC, aiguille à broder / à repriser

Fournitures
Laine myboshi n°1

Couleurs
Couleur 1 (10 g)
Couleur 2 (8 g)

Échantillon test
10 x 10 cm = 12 demi-brides x 8 rangs

Dimensions
Hauteur : env. 14,5 cm, largeur : env. 8 cm

Notice myboshi

Commencement par le haut

Monter 7 mailles en l'air + 1 maille en l'air pour tourner.

A présent, former les demi-brides en piquant dans le brin arrière des mailles en l'air. Après avoir formé 7 demi-brides, tourner l'ouvrage à 180 degrés dans le sens des aiguilles d'une montre de façon à diriger les mailles vers le bas, puis piquer le crochet dans le brin avant des mailles en l'air du début.

L'ouvrage comporte à présent 14 demi-brides.

Fermer le premier tour par une maille coulée puis une maille en l'air.

Les tours sont fermés afin d'éviter un décalage lors du changement de couleur.

Lors d'un changement de couleur, piquer dans la première maille (demi-bride) par l'avant, puis former la maille coulée avec l'ancienne couleur et la maille en l'air avec la nouvelle. Former la première demi-bride en piquant le crochet dans le même trou que pour former la maille coulée et la maille en l'air.

Travailler désormais uniquement en demi-brides.

1er tour
C1 - crocheter uniquement en demi-brides = 14 M.

2e tour
C2 - crocheter uniquement en demi-brides = 14 M.

3e - 8e tours
C1 + C2 - répéter 3 fois les Tr 1 + 2 = 14 M.

9e tour
C1 - crocheter uniquement en demi-brides = 14 M.

10e tour
C2 - crocheter en mailles coulées = 14 M.

Finitions
Bien coudre tous les fils.

C est l'abréviation de couleur, Tr l'abréviation de tour, M l'abréviation de mailles.

Kobe enfant

De tous les boshis, le Kobe enfant est le plus mignon. Ce boshi protège la tête mais aussi les oreilles de nos petits anges !
Et en plus, il est décoré par de jolies chaînettes avec pompons.

Kobe enfant

Niveau

Kobe enfant. Ce boshi protège la tête, y compris les oreilles !

Crochet
6 mm DMC, aiguille à broder / à repriser

Fournitures
Laine myboshi n°1

Couleurs
Couleur 1 (75 g)
Couleur 2 (40 g)

Échantillon test
10 x 10 cm = 12 demi-brides x 8 rangs

Tour de tête
Taille S (47 - 51 cm)

Explications
Le boshi Kobe est crocheté en demi-brides, ainsi que les cache-oreilles qui seront crochetés au boshi juste avant de commencer la bordure décorative.

Premier cache-oreilles
Fermer le tour 15 avec 1 maille coulée et 1 maille en l'air, puis couper le fil C1 à 10 cm.
Poser le boshi devant soi, de manière à visualiser la ligne constituée par le changement de tour (maille coulée et maille en l'air), et compter 6 mailles vers la gauche à partir de cette ligne. Piquer le crochet dans la 7ème maille, récupérer le fil de la C1 et crocheter 1 maille en l'air. Crocheter ensuite 1 demi-bride dans la même 7ème maille. Puis 1 demi-bride dans chacune des 9 mailles suivantes.

Tourner le boshi sur son axe avec la dernière boucle reposant sur le crochet puis crocheter 9 demi-brides en sens inverse. Ce ne sont que 9 demi-brides car on saute le 1er point de piquage après avoir tourné l'ouvrage. Retourner le boshi sur son axe, sauter le premier point de piquage et crocheter 8 demi-brides. Crocheter maintenant 1 maille en l'air au-dessus de la dernière demi-bride, tourner à nouveau l'ouvrage et piquer cette fois directement dans le premier point de piquage pour y crocheter 1 demi-bride. Les deux prochaines demi-brides sont terminées ensemble (voir explication dans le paragraphe plus bas) ainsi que les deux dernières demi-brides. Former une maille en l'air puis 6 demi-brides et couper le fil à 15 cm. Le 1er cache-oreilles est fini.

Deuxième cache-oreilles
Retourner maintenant le boshi (la face intérieure du boshi est désormais à l'extérieur). La ligne de changement de tour est à nouveau au milieu. Le cache-oreilles fini se trouve sur la droite. Compter maintenant jusqu'à la 6ème maille et crocheter comme décrit plus haut dans la 7ème maille. Le 2ème cache-oreilles est fini.

Fermer des demi-brides ensemble
Faire un jeté, piquer le crochet et prendre le fil. Trois boucles reposent sur le crochet. Faire un nouveau jeté, piquer le crochet dans le trou suivant, prendre le fil et le ramener. Refaire un jeté et le ramener à travers les 5 boucles reposant sur le crochet.

Notice myboshi
Commencement par le dessus.
En C1, monter 4 mailles en l'air et les fermer en rond. Pour cela, piquer le crochet dans la première maille en l'air et faire une maille coulée pour former un petit rond. Crocheter ensuite une maille en l'air et commencer le premier tour (bien serrer la maille coulée, laisser la maille en l'air un peu plus lâche).

Les tours sont fermés pour éviter un décalage lors du changement de couleur.

Pour la fermeture, piquer dans la première maille (demi-bride) par l'avant, puis fermer le tour par une maille coulée et une maille en l'air. Former la première demi-bride en piquant le crochet dans le même trou que pour former la maille coulée et la maille en l'air.

S'il te semble difficile de retrouver la maille en l'air, tu peux l'indiquer avec une épingle à nourrice.

Travailler désormais uniquement en demi-brides.

1er tour
C1 - former 11 demi-brides dans le rond du début = 11 M.

2e tour
C1 - doubler chaque demi-bride, c'est-à-dire former deux demi-brides en piquant le crochet dans un même trou = 22 M.

3e tour
C1 - crocheter 2 demi-brides, doubler la 3ème demi-bride = 29 M.

4e tour
C1 - crocheter 3 demi-brides, doubler la 4ème demi-bride = 36 M.

5e tour
C1 - doubler la première demi-bride ; ensuite, crocheter systématiquement 3 demi-brides puis doubler une demi-bride, et doubler la dernière demi-bride du tour = 46 M.

6e - 15e tours
F1 - crocheter uniquement en demi-brides = 46 M.

***ATTENTION** : crocheter les cache-oreilles en suivant les instructions ci-dessus.*

16e tour
C2 - tour final / retour : piquer le crochet dans une demi-bride en C1 et crocheter une maille en l'air en C2 (bien serrer la maille en l'air partant de la C1), puis crocheter des mailles serrées en sens inverse. Pour cela, il suffit de tourner le boshi sur son axe avec la dernière boucle reposant sur le crochet avant de crocheter.

Fin pour la taille S = 46 M.

Pompon

Petit pompon (diamètre de 4 cm)
Faire 2 pompons de 4 cm de diamètre avec la C2.
Gros pompon (diamètre de 6 cm)
Faire 1 pompon de 6 cm de diamètre avec la C2 à mettre au sommet du boshi.

Chaînette de mailles en l'air
Crocheter comme suit 2 chaînettes de mailles en l'air de 25 mailles chacune en C2 : revenir à la partie inférieure du milieu du cache-oreilles, piquer dans le bord de celui-ci, prendre et ramener le fil, puis crocheter les 25 mailles en l'air. Sauter ensuite la première maille présente sur le crochet, laisser cette maille flottante, et crocheter ensuite 24 mailles serrées en direction du cache-oreilles. Répéter ces instructions pour le deuxième cache-oreilles.

Finitions

Bien coudre tous les fils du boshi. Fixer le grand pompon sur le dessus du boshi, et coudre les petits aux extrémités des chaînettes de mailles en l'air.

myboshi
Communauté Facebook… Fan du boshi…

Sans vous, nous n'existerions pas. Nous le savons, c'est pourquoi nous voulons maintenir un lien le plus proche possible avec nos fans. Nos produits doivent être d'un usage pratique, mais également vous plaire ; c'est pourquoi nous parcourons le pays, et organisons des ateliers pour mieux vous connaître. Nous adorons vos idées, et nous sommes fiers de tous ceux qui portent un boshi. Rendez-nous visite sur Facebook, devenez membre de notre communauté et faites-nous connaître votre style.

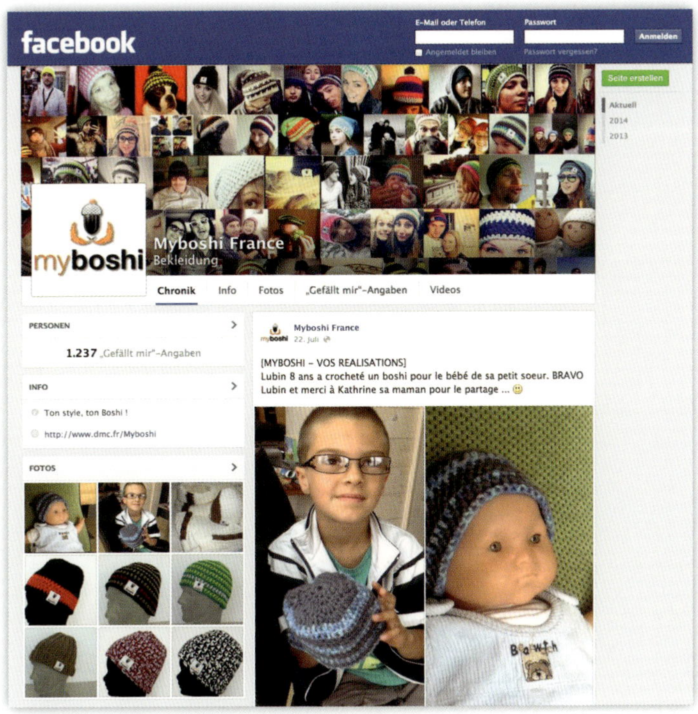

www.facebook.com/myboshiFrance

Niseko enfant

Le bonnet Niseko est notre best-seller. D'une ligne simple mais élégante, il protège l'arrière de la tête et séduit tous les fans !
Ultra-facile à crocheter !

myboshi

Niseko enfant

Niveau

Le boshi Niseko enfant est entièrement rayé. Un must pour tous les amateurs de rayures !

Crochet
6 mm DMC, aiguille à broder / à repriser

Fournitures
Laine myboshi n°1

Couleurs
Couleur 1 (50 g)
Couleur 2 (40 g)

Échantillon test
10 x 10 cm = 12 demi-brides x 8 rangs

Tour de tête
Taille S (47 - 51 cm)

Explications
Le boshi Niseko enfant est crocheté en demi-brides en alternant deux couleurs.

Notice myboshi
Commencement par le dessus

En C1, monter 4 mailles en l'air et les fermer en rond. Pour cela, piquer le crochet dans la première maille en l'air et faire une maille coulée pour former un petit rond. Crocheter ensuite une maille en l'air.

Toujours fermer les tours par une maille coulée, et crocheter ensuite une maille en l'air supplémentaire (bien serrer la maille coulée, laisser la maille en l'air un peu plus lâche).

Les tours sont fermés afin d'éviter un décalage lors du changement de couleur.

Lors d'un changement de couleur, piquer dans la première maille (demi-bride) par l'avant, puis former la maille coulée avec l'ancienne couleur et la maille en l'air avec la nouvelle. Former la première demi-bride en piquant le crochet dans le même trou que pour former la maille coulée et la maille en l'air.

Travailler désormais uniquement en demi-brides.

1er tour
C1 - former 11 demi-brides dans le rond du début = 11 M.

2e tour
C2 - doubler chaque demi-bride, c'est-à-dire former 2 demi-brides en piquant dans un même trou = 22 M.

3e tour
C1 - crocheter 2 demi-brides, doubler la 3ème demi-bride = 29 M.

4e tour
C2 - crocheter 3 demi-brides, doubler la 4ème demi-bride = 36 M.

5e tour
C1 - doubler la première demi-bride ; ensuite, crocheter systématiquement 3 demi-brides puis doubler la 4ème demi-bride, et doubler la dernière demi-bride du tour = 46 M.

6e - 19e tours
C2 + C1 - crocheter uniquement en demi-brides, en alternant les tours de C1 et de C2 = 46 M.

20e tour
C1 - tour final / retour : crocheter des mailles serrées en sens inverse. Pour cela, il suffit de tourner le boshi sur son axe avec la dernière boucle reposant sur le crochet avant de crocheter.

Fin pour la taille S = 46 M.

Finitions
Bien coudre tous les fils.

C est l'abréviation de couleur, Tr l'abréviation de tour, M l'abréviation de mailles.

Variations de couleurs

Niseko enfant

Configure ton modèle Niseko
www.myboshi.fr

myboshi

myboshi
à emporter partout

Comment dois-je faire un mouchet ? Qu'est-ce qu'une demi-bride ? Et comment commencer le boshi...?

Nous avons tous à un moment donné appris le crochet et il est ainsi facile de se rafraîchir la mémoire sur les bases de crochet. Pas de problème, nous avons développé une école du crochet virtuelle pour vous. Vous pouvez facilement accéder aux explications des points sur notre chaîne YouTube et notre site internet.

Notre application myboshi vous offre également un accès aux vidéos, où que vous soyez !

Le téléchargement de cette application est gratuit et adapté aux smartphones et aux tablettes.

ANDROID APP ON Google play

Available on the iPhone App Store

Sac Niseko

Voici le sac assorti au boshi. Notre sac Niseko peut contenir des documents au format A4.

Sac Niseko

Niveau

Des rayures à l'infini. Assorti au boshi, voici notre sac tendance.

Crochet
6 mm DMC, aiguille à broder / à repriser

Fournitures
Laine myboshi n°1

Couleurs
Couleur 1 (180 g)
Couleur 2 (100 g)

Échantillon test
10 x 10 cm = 12 demi-brides x 8 rangs

Dimensions
Largeur env. 31 cm, longueur env. 35,5 cm

Explications
Crocheter le sac en demi-brides et en motif rayé (en changeant de couleur à chaque fin de tour).

Notice myboshi
Commencement par le fond du sac

Crocheter le sac en rond, les tours étant formés en demi-brides. Pour cela, en C1, monter 30 mailles en l'air + une maille en l'air pour tourner.

A présent, former les demi-brides en piquant dans le brin arrière des mailles en l'air. Après avoir crocheté 30 demi-brides, tourner l'ouvrage sur lui-même à 180 degrés dans le sens des aiguilles d'une montre de façon à diriger les demi-brides vers le bas, puis piquer dans le brin avant des mailles en l'air du début. L'ouvrage comporte à présent 60 demi-brides. A présent, fermer le tour par une maille coulée en C1, et crocheter ensuite une maille en l'air en C2 (bien serrer la maille coulée, laisser la maille en l'air un peu plus lâche). Reproduire désormais ces 60 demi-brides pour chaque tour.

Les tours sont fermés afin d'éviter un décalage lors du changement de couleur.

Pour fermer un tour, piquer dans la première maille (demi-bride) par l'avant, puis former la maille coulée avec l'ancienne couleur et la maille en l'air avec la nouvelle. Former la première demi-bride en piquant le crochet dans le même trou que pour former la maille coulée et la maille en l'air.

Travailler désormais uniquement en demi-brides.

1er tour
C1 - crocheter le fond suivant les instructions ci-dessus = 60 M.

2e tour
C2 - crocheter 2 demi-brides doubler la 3ème demi-bride = 60 M.

3e - 28e tours
C1 + C2 - crocheter uniquement en demi-brides, en alternant C1 et C2 à la fin de chaque tour = 60 M.

Bandoulière
Réaliser la bandoulière en demi-brides en crochetant un seul fil. Ajouter un deuxième fil pour la rendre plus solide (pelote supplémentaire pour le fil de renforcement).

Commencement
Monter 140 mailles en l'air + une maille en l'air pour tourner.

1er tour
C1 - crocheter uniquement en demi-brides = 140 M.

***ATTENTION** : afin de consolider la bretelle, le premier fil de C1 tient maintenant lieu de fil de renforcement, le deuxième servant à crocheter. Le deuxième fil se crochète en incluant le premier fil (comme ci-dessus), qui viendra traverser les mailles dans toute la longueur du rang. Effectuer désormais l'alternance entre les deux fils à chaque rang. Toujours bien tirer le fil de renforcement afin de tendre la bretelle.*

Ne pas oublier la maille en l'air pour tourner à la fin de chaque rang.

2e tour
C1 + C1 - commencer le rang en changeant de fil et travailler uniquement en demi-brides = 140 M.

3e + 4e tours
C1 + C1 - toujours changer de fil une fois le rang terminé, intégrer le fil présent en renforcement et crocheter uniquement en demi-brides = 140 M.

Finitions
Poser le sac à plat devant soi face intérieure dehors, et bien coudre tous les fils. A présent, à l'aide d'une aiguille à repriser, bien fixer la bandoulière aux côtés gauche et droit du sac par une couture sur toute la largeur de la bretelle. Pour cela, positionner chaque extrémité de la bandoulière au niveau du 8ème rang, puis coudre la bretelle en angle droit.

***ASTUCE** : avant de terminer la couture, mieux vaut fixer d'abord la bandoulière avec des épingles.*

Sac Niseko

Variations de couleurs

myboshi

L'incroyable cadeau de Noël

Souvent, des gens nous ont demandé s'il nous était arrivé d'imaginer un tel succès. A cette question, nous répondons toujours clairement par la négative.

Notre investissement de départ de 15 euros était relativement faible, mais nous disposions d'une idée incroyable et étions prêts à tout pour réaliser notre rêve. Nous avons dû franchir beaucoup d'obstacles, sacrifier énormément de temps libre, et trouver très rapidement des solutions à des problèmes absolument inattendus.

Toutes ces expériences sont pour nous d'une valeur inestimable, et nous savons que notre aventure actuelle est un immense cadeau.

De nombreux quotidiens ont raconté notre expérience, et il n'est pas rare que nos boshis et accessoires figurent dans des magazines de mode.

Les plateformes de créateurs d'entreprise les plus variées citaient souvent notre belle réussite, mais nous sommes restés bouche bée lorsqu'à Noël 2013, notre père s'est procuré l'un des plus grands magazines économiques allemands.

Sous le titre : « Quarante figures à suivre en 2014 », j'ai soudain repéré ma photo. Moi, Thomas Jaenisch, l'un des quarante entrepreneurs, dirigeants d'entreprise et jeunes politiciens allemands de moins de 40 ans incontournables dans les médias en 2014. Cette nomination a probablement été le plus incroyable des cadeaux de Noël, et a mis en évidence la considération gagnée au fil du temps.

Management&Erfolg

JENS SPAHN, 33
Mit großen Koalitionen hat er Erfahrung: Als er 2008 eine Rentenerhöhung kritisierte, wurde er in anonymen Briefen als „Rotzlöffel" beschimpft – fast über Nacht war der Abgeordnete bekannt. Den neuen Koalitionsvertrag hält Spahn, der seit elf Jahren im Bundestag sitzt und sich öffentlich als homosexuell outete, für ungerecht zulasten der Jungen. Spahn verhandelte den Gesundheitsteil im Koalitionsvertrag. Minister oder Staatssekretär aber dürften vorerst andere werden. Zum Fraktionsvize der Union allerdings müsste es reichen.

CHEN OU, 29
Mit 16 Jahren studiert er in China, schließt einen MBA in Stanford an, im September 2010 gründet er Jumei.com und formt sie zur erfolgreichsten chinesischen Plattform für Kosmetikprodukte. Der Umsatz lag 2012 bei etwa 400 Millionen Dollar, seit Kurzem kooperiert Jumei mit L'Oréal und Nivea. Die Idee, namhafte Kosmetikprodukte zu Discountpreisen im Internet anzubieten, kam zur rechten Zeit. Die Zielgruppe sind junge chinesische Städter mit wachsenden Einkommen. Zu dieser urbanen Mittelschicht zählen heute 250 Millionen Menschen, in zehn Jahre werden es doppelt so viele sein. Für 2014 erwartet Jumei mehr als eine Milliarde Dollar Umsatz und soll einen Börsengang planen.

LEA-SOPHIE CRAMER, 26
Sie heißen Mr. Pink oder Vibrating Lipstick, sehen aus wie Designprodukte von Apple, die Web-Seite erinnert eher an Zalando als an Beate Uhse: Mit Amorelie, einem Online-Shop für Sexspielzeuge für Frauen, will Lea-Sophie Cramer „Sex aus der Schmuddelecke holen". Damit trifft sie den Zeitgeist, wie ein Blick auf ihre Umsatzzahlen zeigt: In diesem Jahr verkaufte Cramer, die nach dem BWL-Studium erst beim Berater Boston Consulting Group arbeitete und dann für das Schnäppchen-Portal Groupon das Asien-Geschäft aufbaute, Sexspielzeug für einen siebenstelligen Betrag. „In fünf Jahren möchten wir weltweiter Marktführer bei den Online-Erotikshops sein."

HANNES KLÖPPER, 30
Bildung für alle zugänglich machen, frei von zeitlichen und räumlichen Beschränkungen – und das kostenlos: Das sind die Ziele von Hannes Klöpper und seiner Lernplattform Iversity. Die gründete er 2011 mit Jonas Liepmann. Seit Mitte Oktober bietet das Startup 25 Online-Seminare an – von einer Einführung ins Marketing bis zum Verhältnis von Internet-Sicherheit und Menschenrechten. Etwa 250 000 Menschen haben sich bereits registriert. 2014 soll die Zahl der Seminare auf mehr als 100 und die der Studenten auf eine Million steigen. Klöpper kann sich auch vorstellen, Unternehmen maßgeschneiderte Bildungsprogramme anzubieten. Um so Europas größter digitaler Campus zu bleiben.

SISSY MÜLLER, 33
VWL-Studium in Maastricht, Trainee-Programm bei der EU-Kommission, Händlerin beim französischen Energiekonzern GDF Suez – mit 32 Jahren stand Sissy Müller vor einer steilen Konzernkarriere. Doch im Sommer 2012 kündigte sie – weil sie „wirklich etwas verändern" wollte. Und machte sich mit dem Online-Portal Green Crowding selbstständig. Dort können sich Privatinvestoren mit Beträgen ab 50 Euro an Projekten zur Erzeugung erneuerbarer Energien beteiligen. So bekommen Projekte Geld, die für Banken uninteressant sind. Und werfen für Investoren Rendite ab – etwa eine Solaranlage auf dem Dach einer Kölner Schule, für die Müller vor einigen Monaten knapp 60 000 Euro einsammelte.

116 Nr. 52 21.12.2013 WirtschaftsWoche

38 Schafft ein deutsches Startup den internationalen Durchbruch?
Ob Inkubator Rocket Internet, die Online-Spieleanbieter Wooga und Gamegenetics oder Brillen-Online-Shop Mister Spex: Deutsche Startups haben oft ein Faible für internationale Geschäfte. 2014 könnte die Big-Data-Analyseplattform Parstream aus Köln den Durchbruch im Ausland schaffen.

BRITTA WEIDENBACH, 38
Chefin von acht Fondsmanagern, verantwortlich für fünfeinhalb Milliarden Euro Anlagevermögen, zwei Kinder: Weidenbach zählt zu den erfolgreichsten Fondsmanagerinnen Deutschlands. Die 38-Jährige, seit 1999 bei der Deutsche-Bank-Fondstochter DWS, hat die Gesellschaft bei europäischen Aktien nach jahrelanger Schwäche wieder ins Spiel gebracht und Vermögen sicher durch nervöse Märkte gesteuert. Sie gilt als durchsetzungsstark und wird weiter aufsteigen.

BEN SILBERMANN, 31
Schon als Kind sammelte der Sohn eines Arzt-Ehepaars Briefmarken. Diese Leidenschaft hat der 31-jährige Absolvent der Eliteuniversität Yale vor knapp vier Jahren zur Geschäftsidee umgemünzt: Sein Startup Pinterest betreibt eine Art digitale Pinnwand, an die die Nutzer ihre liebsten Produkte, Dienstleistungen oder Trends heften. Nach dem Start im Frühjahr 2010 interessierte sich kaum jemand für die Idee, die Ersparnisse von Silbermann und seinem Mitgründer waren fast aufgebraucht. Dann verbreitete sich das Angebot plötzlich viral im Internet, heute nutzen es 70 Millionen Menschen, davon 80 Prozent Frauen. Pinterest verdient zwar noch kein Geld, wird aber auf bis zu vier Milliarden Dollar taxiert. Angeblich bereitet Silbermann nicht nur die Internationalisierung vor, sondern auch einen Börsengang.

THOMAS JAENISCH, 29
2009 saß er in einer japanischen Skihütte und wollte eine hübsche Spanierin beeindrucken. Gemeinsam mit einem Freund griff er zur Nadel und häkelte Mützen. Zurück in Deutschland, häkelten sie weiter, Anfang 2010 gingen sie mit der Web-Seite Myboshi online – „Boshi" ist das japanische Wort für Mütze. Inzwischen lassen sie häkeln – ältere Damen aus dem Umkreis ihrer Heimatstadt Hof, die sich ihre Rente aufbessern. Inzwischen gibt es Myboshi-Wolle, -Nadeln und -Bücher, 2013 könnte der Umsatz auf über eine Million Euro klettern – 2009 waren es 5000 Euro. Obwohl Jaenisch keinen Investor hat, steht die Expansion ins Ausland bevor, neue Wollsorten und der Einstieg ins Stricken.

JESSICA WEISS, 27
2007 begann sie neben dem Studium, mit einer Freundin im Internet über Mode zu schreiben. Der Burda-Verlag kaufte sich ein, „LesMads" wurde Deutschlands erfolgreichstes Blog über Mode, Schmuck, Kosmetik. Und: Jessica Weiß. In ihrem neuen Blog Journelles schreibt Weiß, welche Kleidung sie trägt, welche Produkte sie kauft, welche Designer sie mag. 310 000 Menschen besuchen die Seite pro Monat, bei Facebook hat sie mehr als 15 000 Fans, beim Fotodienst Instagram folgen ihr knapp 7000 Menschen. Seit März moderiert sie beim ARD-Spartenkanal Einsplus eine Sendung über Modetrends. 2014 will Weiß diese selbst setzen – mit einer eigenen Modekollektion. »

WirtschaftsWoche 21.12.2013 Nr. 52 117

Ome enfant

Avec le boshi Ome enfant, tout est permis. Notre gamme très variée de coloris permet d'imaginer une quasi-infinité de designs.

myboshi

Ome enfant

Niveau

Le boshi Ome enfant est un modèle très ajusté, des rayures de trois couleurs différentes étant réparties sur le bonnet. En bref, il se compose d'une couleur principale (C1) et de trois couleurs pour les rayures (C2, C3, C4).

Crochet
6 mm DMC, aiguille à broder / à repriser

Fournitures
Laine myboshi n°1

Couleurs
Couleur 1 (45 g)
Couleur 2 (10 g)
Couleur 3 (10 g)
Couleur 4 (10 g)

Échantillon test
10 x 10 cm = 12 demi-brides x 8 rangs

Tour de tête
Taille S (47 - 51 cm)

Série de couleurs
Pour la taille S :
C1 : 1er + 2^{e} Tr = 2 Tr
C2 : 3e + 4^{e} Tr = 2 Tr
C1 : 5e - 7e Tr = 3 Tr
C3 : 8e + 9^{e} Tr = 2 Tr
C1 : 10e - 12e Tr = 3 Tr
C4 : 13e + 14^{e} Tr = 2 Tr
C1 : 15e Tr = 1 Tr
C1 : 16e Tr : tour final / retour

Notice myboshi
Commencement par le dessus

En C1, monter 4 mailles en l'air et les fermer en rond. Pour cela, piquer le crochet dans la première maille en l'air et faire une maille coulée pour former un petit rond. Crocheter ensuite une maille en l'air.

Les tours sont fermés afin d'éviter un décalage lors du changement de couleur. Toujours fermer les tours par une maille coulée, et crocheter ensuite une maille en l'air supplémentaire (bien serrer la maille coulée, laisser la maille en l'air un peu plus lâche).

Lors d'un changement de couleur, piquer dans la première maille (demi-bride) par l'avant, puis former la maille coulée avec l'ancienne couleur, et la maille en l'air avec la nouvelle. Former la première demi-bride en piquant le crochet dans le même trou que pour former la maille coulée et la maille en l'air.

***ASTUCE**: chaque note de couleur comportant deux tours seulement, nous suggérons de couper tous les fils à 15 centimètres environ avant de les coudre soigneusement.*

Travailler désormais uniquement en demi-brides.

Taille S

1er tour
C1 - former 11 demi-brides dans le rond du début = 11 M.

2e tour
C1 - doubler chaque demi-bride, c'est-à-dire former deux demi-brides en piquant le crochet dans un même trou = 22 M.

3e tour
C2 - crocheter 2 demi-brides, doubler la 3ème demi-bride = 29 M.

C est l'abréviation de couleur, Tr l'abréviation de tour, M l'abréviation de mailles.

4ᵉ tour
C2 - crocheter 3 demi-brides, doubler la 3ème demi-bride = 36 M.

5ᵉ tour
C1 - doubler la première demi-bride ; ensuite, crocheter systématiquement 3 demi-brides puis doubler la 4ème demi-bride, et doubler la dernière demi-bride du tour = 46 M.

6ᵉ + 7 tours
C1 - crocheter uniquement en demi-brides = 46 M.

8ᵉ + 9 tours
C3 - crocheter uniquement en demi-brides = 46 M.

10ᵉ - 12ᵉ tours
C1 - crocheter uniquement en demi-brides = 46 M.

13ᵉ + 14ᵉ tours
C4 - crocheter uniquement en demi-brides = 46 M.

15ᵉ tour
C1 - crocheter uniquement en demi-brides = 46 M.

16ᵉ tour
C1 - tour final / retour : crocheter des mailles serrées en sens inverse. Pour cela, il suffit de tourner le boshi sur son axe avec la dernière boucle reposant sur le crochet avant de crocheter.

Fin pour la taille S = 46 M.

Finitions
Bien coudre tous les fils.

myboshi
@ school

Aujourd'hui, nos bambins s'intéressent aux courants de mode bien plus tôt et de beaucoup plus près qu'il y a seulement vingt ans.

Avec notre idée de développer des notices ultra-faciles de boshis tendance, les enfants soucieux de mode et voulant crocheter leur propre bonnet sont rapidement venus élargir notre communauté de fans. Souhaitant débarrasser le crochet de son image désuète évoquant les maniques de cuisine, un nombre croissant de professeurs nous ont demandé si pouvions fournir du matériel pédagogique et des paquets de laine pour les classes.

Voici les photos de nos premières classes studieuses :

Sano

Le boshi Sano est un bonnet aux lignes simples, avec deux tours d'un point différent donnant une note originale. Idéal pour les débutants.

myboshi

Sano

Niveau

Le boshi Sano est un bonnet ajusté, avec deux rayures de couleur fines et discrètes. Le contraste original des rayures s'obtient par un point spécial.

Crochet
6 mm DMC, aiguille à broder / à repriser

Fournitures
Laine myboshi n°1

Couleurs
Couleur 1 (80 g)
Couleur 2 (15 g)

Échantillon test
10 x 10 cm = 12 demi-brides x 8 rangs

Tour de tête
Taille M (52 - 56 cm), taille L (57 - 60 cm)

Série de couleurs

Pour la taille M :	**Pour la taille L :**
C1 : 1er - 10e Tr = 10 Tr	**C1 : 1er - 11e Tr = 11 Tr**
C2 : 11e Tr = 1 Tr	**C2 : 12e Tr = 1 Tr**
C1 : 12e - 14e Tr = 3 Tr	**C1 : 13e - 15e Tr = 3 Tr**
C2 : 15e Tr = 1 Tr	**C2 : 16e Tr = 1 Tr**
C1 : 16e Tr = 1 Tr	**C1 : 17e Tr = 1 Tr**
C1 : 17e Tr : tour final/ retour	**C1 : 18e Tr : tour final/ retour**

Explications
Le modèle Sano est crocheté en demi-brides ; les deux bandes contrastées sont également crochetées en demi-brides, mais en piquant uniquement dans le brin arrière.

Notice myboshi
Commencement par le dessus valable pour les tailles M et L

En C1, monter 4 mailles en l'air et les fermer en rond. Pour cela, piquer le crochet dans la première maille en l'air et faire une maille coulée pour former un petit rond. Crocheter ensuite une maille en l'air.

Les tours sont fermés afin d'éviter un décalage lors du changement de couleur. Toujours fermer les tours par une maille coulée, et crocheter ensuite une maille en l'air supplémentaire (bien serrer la maille coulée, laisser la maille en l'air un peu plus lâche).

Lors d'un changement de couleur, piquer dans la première maille (demi-bride) par l'avant, puis former la maille coulée avec l'ancienne couleur et la maille en l'air avec la nouvelle. Former la première demi-bride en piquant le crochet dans le même trou que pour former la maille coulée et la maille en l'air.

Travailler désormais uniquement en demi-brides.

Taille M

1er tour
C1 - former 11 demi-brides dans le rond du début = 11 M.

2e tour
C1 - doubler chaque demi-bride, c'est-à-dire former deux demi-brides en piquant le crochet dans un même trou = 22 M.

3e tour
C1 - crocheter 2 demi-brides, doubler la 3ème demi-bride = 29 M.

4e tour
C1 - crocheter 3 demi-brides, doubler la 4ème demi-bride = 36 M.

5e tour
C1 - crocheter 4 demi-brides, doubler la 5ème demi-bride = 43 M.

6e tour
C1 - crocheter 5 demi-brides, doubler la 6ème demi-bride = 50 M.

7e - 10e tours
C1 - crocheter uniquement en demi-brides = 50 M.

11e tour
C2 - crocheter uniquement en demi-brides = 50 M.

12e tour
C1 - crocheter en demi-brides en piquant uniquement dans le brin arrière de la maille = 50 M.

13e + 14e tours
C1 - crocheter uniquement en demi-brides = 50 M.

C est l'abréviation de couleur, Tr l'abréviation de tour, M l'abréviation de mailles.

15e tour
C2 - crocheter uniquement en demi-brides = 50 M.

16e tour
C1 - crocheter en demi-brides en piquant uniquement dans le brin arrière de la maille = 50 M.

17e tour
C1 - tour final / retour : crocheter des mailles serrées en sens inverse. Pour cela, il suffit de tourner le boshi sur son axe avec la dernière boucle reposant sur le crochet avant de crocheter.

Fin pour la taille M = 50 M.

Taille L

(La taille L est plus large de 4 mailles en tour de tête, et comporte un tour supplémentaire.)

1e - 6e tours
C1 - voir taille M = 11 - 50 M.

> ***ATTENTION** : comme la taille L comporte un tour supplémentaire, les tours de couleurs et les indications sont décalés d'un rang.*

Voir page précédente pour la suite des couleurs.

7e tour
C1 - crocheter 11 demi-brides, doubler la 12ème demi-bride = 54 M.

8e - 11e tours
C1 - crocheter uniquement en demi-brides = 54 M.

12e tour
C2 - crocheter uniquement en demi-brides = 54 M.

13e tour
C1 - crocheter en demi-brides en piquant uniquement dans le brin arrière de la maille = 54 M.

14e + 15e tours
C1 - crocheter uniquement en demi-brides = 54 M.

16e tour
C2 - crocheter uniquement en demi-brides = 54 M.

17e tour
C1 - crocheter en demi-brides en piquant uniquement dans le brin arrière de la maille = 54 M.

18e tour
C1 - tour final / retour : crocheter des mailles serrées en sens inverse. Pour cela, il suffit de tourner le boshi sur son axe avec la dernière boucle reposant sur le crochet avant de crocheter.

Fin pour la taille L = 54 M.

Finitions

Bien coudre tous les fils.

Sano

Configure ton modèle **Sano**
www.myboshi.fr

Sano enfant

Avec ses lignes simples, le boshi Sano est si amusant que les enfants peuvent parfaitement crocheter leur modèle eux-mêmes.

myboshi

Sano enfant

Niveau

Le boshi Sano enfant est un bonnet ajusté, avec deux rayures de couleur fines et discrètes. Le contraste original des rayures s'obtient par un point spécial.

Crochet
6 mm DMC, aiguille à broder / à repriser

Fournitures
Laine myboshi n°1

Couleurs
Couleur 1 (60 g)
Couleur 2 (10 g)

Échantillon test
10 x 10 cm = 12 demi-brides x 8 rangs

Tour de tête
Taille S (47- 51 cm)

Série de couleurs
Pour la taille S :
C1 : 1er - 9e Tr = 9 Tr
C2 : 10e Tr = 1 Tr
C1 : 11e - 13e Tr = 3 Tr
C2 : 14e Tr = 1 Tr
C1 : 15e Tr = 1 Tr
C1 : 16e Tr : tour final / retour
Ce tour est crocheté en sens inverse et en mailles serrées.

Explications
Le modèle Sano enfant est crocheté en demi-brides ; les deux bandes contrastées sont également crochetées en demi-brides, mais en piquant uniquement dans le brin arrière de la maille.

Notice myboshi

Commencement par le dessus

En C1, monter 4 mailles en l'air et les fermer en rond. Pour cela, piquer le crochet dans la première maille en l'air et faire une maille coulée pour former un petit rond. Crocheter ensuite une maille en l'air.

Les tours sont fermés afin d'éviter un décalage lors du changement de couleur. Toujours fermer les tours par une maille coulée, et crocheter ensuite une maille en l'air supplémentaire (bien serrer la maille coulée, laisser la maille en l'air un peu plus lâche).

Lors d'un changement de couleur, piquer dans la première maille (demi-bride) par l'avant, puis former la maille coulée avec l'ancienne couleur et la maille en l'air avec la nouvelle. Former la première demi-bride en piquant le crochet dans le même trou que pour former la maille coulée et la maille en l'air.

Travailler désormais uniquement en demi-brides.

Taille S

1er tour
C1 - former 11 demi-brides dans le rond du début = 11 M.

2e tour
C1 - doubler chaque demi-bride, c'est-à-dire former deux demi-brides en piquant le crochet dans un même trou = 22 M.

3e tour
C1 - crocheter 2 demi-brides, doubler la 3ème demi-bride = 29 M.

4e tour
C1 - crocheter 3 demi-brides, doubler la 4ème demi-bride = 36 M.

5e tour
C1 - doubler la première demi-bride ; ensuite, crocheter systématiquement 3 demi-brides puis doubler la 4ème demi-bride, et doubler la dernière demi-bride du tour = 46 M.

6e - 9e tours
C1 - crocheter uniquement en demi-brides = 46 M.

10e tour
C2 - crocheter uniquement en demi-brides = 46 M.

11e tour
C1 - crocheter en demi-brides en piquant uniquement dans le brin arrière de la maille = 46 M.

12e + 13^{e} tours
C1 - crocheter uniquement en demi-brides = 46 M.

C est l'abréviation de couleur, Tr l'abréviation de tour, M l'abréviation de mailles.

14e tour
C2 - crocheter uniquement en demi-brides = 46 M.

15e tour
C1 - crocheter en demi-brides en piquant uniquement dans le brin arrière de la maille = 46 M.

16e tour
C1 - tour final / retour : crocheter des mailles serrées en sens inverse. Pour cela, il suffit de tourner le boshi sur son axe avec la dernière boucle reposant sur le crochet avant de crocheter.

Fin pour la taille S = 46 M.

Finitions
Bien coudre tous les fils.

Variations de couleurs

Sano enfant

Configure ton modèle **Sano**
www.myboshi.fr

myboshi
dans la presse allemande

Je ne sais combien de fois nous avons raconté notre histoire, mais nous sommes toujours très heureux de nous rendre à la rédaction d'un journal pour transmettre le virus du crochet. Poussé par la fierté, même le rédacteur le plus incroyablement viril finit par prendre le crochet afin de montrer ce qu'il sait faire.

Voici une sélection d'articles particulièrement intéressants :

Spiegel Job

F&A

DIE MODEFRAGE:

Wieso sind **Häkelmützen** wieder schick?

DAVID BECKHAM und Sarah Jessica Parker, Uma Thurman und Brad Pitt tragen sie – Häkelmützen sind bei den Promis das Must-have der Saison. Die neue Masche der Stars zieht auch bei uns: Die derzeit angesagtesten Wollmützen Deutschlands kommen aus dem beschaulichen Helmbrechts in Oberfranken. Hier gründeten die Studenten Felix Rohland und Thomas Jaenisch 2009 das Label myBoshi. Boshi bedeutet Mütze auf Japanisch – und das passt zur Entstehungsgeschichte: Während einer Japanreise als Skilehrer nahmen die Jungs zum ersten Mal eine Häkelnadel in die Hand. In Nippon kamen ihre Mützen so gut an, dass schnell eine Geschäftsidee daraus wurde.

Das Häkeln wurde schon um 1800 erfunden, ihren ersten echten Mode-Boom erlebte die Mütze in den 1920er- und 30er-Jahren. Damals schmückten sich die Damen gerne mit eleganten Kopfbedeckungen und passenden Schals. Die Hippie-Ära schließlich verhalf ihr zum ganz großen Durchbruch, dafür sorgte nicht zuletzt Bob Marley mit seiner sogenannten Beanie. Heute wird die Kopfbedeckung zum Designeroutfit ebenso wie zum lässigen Streetstyle kombiniert.

BEANIE-BOSHI
Mit Boshi zur Premiere: Brad Pitt in Tokio mit einer Mütze im Beanie-Stil, den einst Bob Marley erfand

Mittlerweile lassen sich die sogenannten Beanies ganz bequem im Onlineshop bestellen. Ob leuchtendes Smaragdgrün, zarter Fliederton oder blau-rot gestreift: Hier können Kunden aus unterschiedlichsten Farben und Designs von Kappe bis Schirmmütze, mit oder ohne Bommel, ihre persönliche Mütze kreieren. „Jede Boshi soll einzigartig sein", sagen die Gründer.

Wichtige Qualitätskriterien für die beiden häkelnden Outdoorsportler: Die myBoshis sollen nicht nur gut aussehen, sondern sind auch atmungsaktiv, robust und pflegeleicht. Dafür sorgt die Mischung aus Acryl und Schurwolle. Das Konzept kommt an, mehrere tausend Mützen wurden mittlerweile verschickt – in der firmentypischen Designerdose. Parallel bauen die beiden Jungunternehmer gerade ein Händlernetz auf. Für rund 30 bis 50 Euro ist eine Kopfbedeckung aus Oberfranken zu haben. Dabei handelt es sich um ein echtes Unikat, denn alle Mützen sind handgemacht. Als Käufer unterstützt man gleichzeitig ein sehr charmantes Geschäftsmodell: ... ausschließlich Häklerinnen und Häkl... ter viele rüstige Senioren, die sich so...

Das goldene Blatt

body&soul

Bild

InStyle

myTime

Echarpe Sano

Décontractée, notre longue écharpe col Sano s'enroule une ou deux fois autour du cou, et s'assortit idéalement au bonnet quel que soit le temps.

Echarpe Sano

Niveau

L'écharpe Sano ira parfaitement avec le bonnet du même nom. Les points sont pratiquement identiques, et les couleurs peuvent être assorties au boshi.

Crochet
6 mm DMC, aiguille à broder / à repriser

Fournitures
Laine myboshi n°1

Couleurs
Couleur 1 (210 g)
Couleur 2 (80 g)

Échantillon test
10 x 10 cm = 12 demi-brides x 8 rangs

Dimensions
Amplitude : env. 130 cm, largeur : env. 26 cm

Explication
L'écharpe Sano est crochetée en demi-brides ; les cinq bandes contrastées sont également crochetées en demi-brides, mais en piquant uniquement dans le brin arrière de la maille.

Notice myboshi

Commencement par le bas

En C1, monter 130 mailles en l'air et les fermer en rond. Pour cela, piquer dans la première maille en l'air et faire une maille coulée pour former un rond. Crocheter ensuite une maille en l'air.

Les tours sont fermés afin d'éviter un décalage lors du changement de couleur. Toujours fermer les tours par une maille coulée, et crocheter ensuite une maille en l'air supplémentaire (bien serrer la maille coulée, laisser la maille en l'air un peu plus lâche).

Lors d'un changement de couleur, piquer dans la première maille (demi-bride), puis former la maille coulée avec l'ancienne couleur, et la maille en l'air avec la nouvelle. Former la première demi-bride en piquant le crochet dans le même trou que pour former la maille coulée et la maille en l'air.

Travailler désormais uniquement en demi-brides.

1er tour
C1 - crocheter une demi-bride dans chaque maille en l'air = 130 M.

2e tour
C2 - crocheter uniquement en demi-brides = 130 M.

3e tour
C1 - crocheter en demi-brides en piquant uniquement dans le brin arrière de la maille = 130 M.

4e + 5e tours
C1 - crocheter uniquement en demi-brides = 130 M.

6e - 21e tours
C2 + C1 - répéter 4 fois les tours 2 à 5 = 130 M.

Finitions
Bien coudre tous les fils.

C est l'abréviation de couleur, Tr l'abréviation de tour, M l'abréviation de mailles.

Seiken

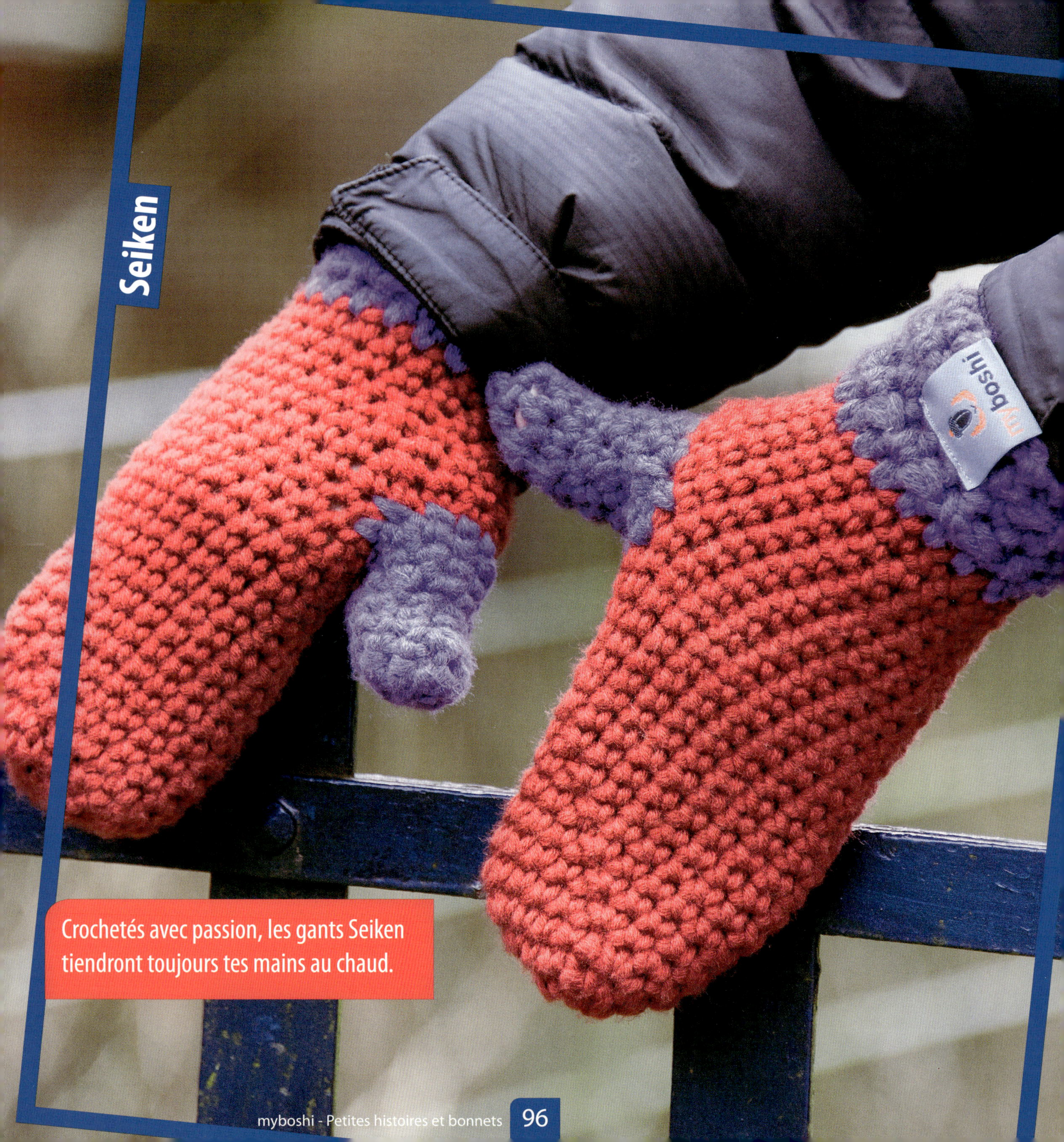

Crochetés avec passion, les gants Seiken tiendront toujours tes mains au chaud.

Seiken

Niveau

Réchauffe rapidement les mains glacées.

Crochet
6 mm DMC, aiguille à broder / à repriser

Fournitures
Laine myboshi n°1

Couleurs
Couleur 1 (50 g)
Couleur 2 (35 g)

Échantillon test
10 x 10 cm = 12 mailles serrées x 12 rangs

Dimensions
Longueur : env. 26 cm, largeur : env. 9 cm

Explications
Crocheter les gants Seiken en mailles serrées, les poignets étant travaillés avec un motif. Une fois le gant terminé, crocheter le pouce en mailles serrées autour du trou correspondant.

Fermer des mailles serrées ensemble
Piquer le crochet, prendre et ramener le fil à travers la maille. Deux boucles reposent alors sur le crochet. Piquer le crochet dans le trou suivant, prendre le fil une deuxième fois et le ramener à travers la maille. Prendre à nouveau le fil (jeté) et le ramener à travers les 3 boucles reposant alors sur le crochet.

Ouverture du pouce
Gant gauche
Crocheter une maille serrée simple puis 8 mailles en l'air, sauter 4 mailles, crocheter 15 mailles serrées simples. Terminer ainsi le rang 16.

Gant droit
Crocheter 15 mailles serrées simples puis 8 mailles en l'air, sauter 4 mailles, crocheter une maille serrée simple. Terminer ainsi le rang 16.

Motif
Former une demi-bride en piquant le crochet dans le même trou que pour former la dernière demi-bride du tour. Crocheter maintenant une demi-bride piquée par l'arrière.

Pour cela, faire un jeté puis piquer le crochet devant les brins de la demi-bride par l'arrière, et non dans la maille suivante. Le crochet ressort par devant, puis le piquer par l'avant dans le trou suivant, prendre le fil et le ramener à travers les 3 boucles reposant sur le crochet (demi-bride).

Crocheter ensuite une demi-bride piquée dans la maille suivante. Terminer le tour en répétant ce motif (alterner demi-bride piquée par derrière, demi-bride normale).

Notice myboshi
Gant
Commencement par le haut valable pour les gants gauche et droit

En C1, monter 6 mailles en l'air crochetées très lâches + une maille en l'air pour tourner.

Piquer ensuite dans le brin arrière des mailles en l'air pour former des mailles serrées. Après avoir crocheté 6 mailles serrées, tourner l'ouvrage à 180 degrés dans le sens des aiguilles d'une montre de sorte que les mailles soient dirigées vers le bas, puis crocheter 6 mailles serrées en piquant alors dans le brin avant des mailles en l'air formées au début. L'ouvrage comporte à présent 12 mailles serrées. Pour fermer le tour, piquer dans la première maille serrée de ce dernier pour crocheter une maille coulée, et finir par une maille en l'air. Commencer le premier tour en piquant dans le même trou que pour former la maille coulée et la maille en l'air.

> ***ATTENTION** : ce gant est crocheté en spirale. Toujours commencer un nouveau tour par une première maille en C1. S'il te semble difficile de retrouver le début du tour, tu peux l'indiquer avec une épingle à nourrice.*

Travailler désormais en mailles serrés.

Gant gauche

1er tour
C1 - crocheter 2 mailles serrées puis doubler la 3ème maille serrée, c'est-à-dire former 2 mailles serrées dans un même trou = 16 M.

2e tour
C1 - crocheter 3 mailles serrées, la 4ème maille serrée = 20 M.

3e - 15e tours
C1 - crocheter uniquement en mailles serrées = 20 M.

16e tour
C1 - crocheter l'ouverture du pouce suivant les instructions ci-dessus = 24 M.

17e tour
C1 - crocheter uniquement en mailles serrées = 24 M.

> ***ATTENTION** : toujours piquer uniquement dans le brin arrière des mailles en l'air.*

18e tour
C1 - crocheter 15 mailles serrées, fermer les mailles serrées 16 + 17 ensemble, crocheter 3 mailles serrées, fermer les mailles serrées 21 + 22 ensemble, crocheter 2 mailles serrées = 22 M.

19e tour
C1 - crocheter uniquement en mailles serrées = 22 M.

20e tour
C1 - crocheter 15 mailles serrées, fermer les mailles serrées 16 + 17 ensemble, crocheter une maille serrée, fermer les mailles serrées 19 + 20 ensemble, crocheter 2 mailles serrées = 20 M.

21e - 23e tours
C1 - crocheter uniquement en mailles serrées = 20 M.

24e tour
C2 - crocheter 20 demi-brides = 20 M.

25e tour
C2 - réaliser le motif = 20 M.

26e tour
C2 - crocheter 20 demi-brides = 20 M.

27e tour
C2 - réaliser le motif = 20 M.

28e tour
C2 - tour final / retour : crocheter des mailles serrées en sens inverse. Pour cela, il suffit de tourner le gant sur son axe avec la dernière boucle reposant sur le crochet avant de crocheter. = 20 M.

Gant droit

1er tour
C1 - crocheter 2 mailles serrées puis doubler la 3ème maille serrée, c'est-à-dire former 2 mailles serrées dans un même trou = 16 M.

2e tour
C1 - crocheter 3 mailles simples, doubler la 4ème maille serrée = 20 M.

3e - 15e tours
C1 - crocheter uniquement en mailles serrées = 20 M.

16e tour
C1 - crocheter l'ouverture du pouce suivant les instructions ci-dessus = 24 M.

17e tour
C1 - crocheter uniquement en mailles serrées = 24 M.

> ***ATTENTION** : toujours piquer uniquement dans le brin arrière des mailles en l'air.*

18e tour
C1 - crocheter 2 mailles serrées, fermer les mailles serrées 3 + 4 ensemble, crocheter 3 mailles serrées, fermer les mailles serrées 8 + 9 ensemble, crocheter 15 mailles serrées = 22 M.

19e tour
C1 - crocheter uniquement en mailles serrées = 22 M.

20e tour
C1 - crocheter 2 mailles serrées, fermer les mailles serrées 3 + 4 ensemble, crocheter une maille serrée, fermer les mailles serrées 6 + 7 ensemble, crocheter 15 mailles serrées = 20 M.

21e - 23e tours
C1 - crocheter uniquement en mailles serrées = 20 M.

24e tour
C2 - crocheter 20 demi-brides = 20 M.

25e tour
C2 - réaliser le motif = 20 M.

26e tour
C2 - crocheter 20 demi-brides = 20 M.

27e tour
C2 - réaliser le motif = 20 M.

28e tour
C2 - tour final / retour : crocheter des mailles serrées en sens inverse. Pour cela, il suffit de tourner le gant sur son axe avec la dernière boucle reposant sur le crochet avant de continuer à crocheter. = 20 M.

myboshi

Pouce
Poser le gant devant soi, poignet vers le haut.

Faire passer le fil au bas de l'ouverture du pouce située à droite et crocheter une maille en l'air, puis une maille serrée en piquant dans un même trou. Crocheter 14 autres mailles serrées et les fermer en rond par une maille coulée, puis commencer le premier tour.

Travailler désormais en mailles serrées.

1er tour
C2 - crocheter en mailles serrées, fermer les mailles serrées 4 + 5, , 9 + 10 et 14 + 15 ensemble = 12 M.

2e tour
C2 - crocheter uniquement en mailles serrées = 12 M.

3e tour
C2 - fermer les mailles serrées 3 + 4, 7 + 8 et 11 + 12 ensemble = 9 M.

4e + 5e tours
C2 - crocheter uniquement en mailles serrées = 9 M.

6e tour
C2 - fermer les mailles serrées 2 + 3, 5 + 6 et 8 + 9 ensemble = 6 M.

7e tour
C2 - fermer les mailles serrées 2 + 3 et 5 + 6 ensemble = 4 M.

Répéter le tout pour réaliser le pouce du deuxième gant.

Finitions
Couper le fil à 15 cm environ, puis le ramener vers l'intérieur à travers les 4 mailles en tirant fermement.

Bien coudre tous les fils.

Shimane

Notre écharpe Shimane attirera tous les regards ! Un modèle coup de cœur, à réaliser selon ses goûts.

myboshi

Shimane

Niveau

Notre écharpe Shimane est faite pour briller en toutes circonstances.

Crochet
6 mm DMC, plus aiguille à broder / à repriser

Fournitures
Laine myboshi n°1

Couleurs
Couleur 1 (25 g)
Couleur 2 (15 g)
Couleur 3 (30 g)
Couleur 4 (350 g)
Couleur 5 (25 g)

Échantillon test
10 x 10 cm = 12 brides simples x 5 rangs

Dimensions
Longueur : env. 218 cm, largeur : env. 21 cm

Explications
Crocheter d'abord l'écharpe Shimane en rond (fleur centrale), puis en rangs aller et retour (reste de l'écharpe). Commencer par le milieu, et réaliser ensuite les côtés. Ce modèle est crocheté en brides simples, groupes de mailles et mailles en l'air.

Groupe de brides
Un groupe de brides se compose de 3 brides simples formées en piquant le crochet dans un même trou.

Notice myboshi

Commencement par le milieu de l'écharpe

En C1, monter 4 mailles en l'air et les fermer en rond. Pour cela, piquer le crochet dans la première maille en l'air et faire une maille coulée pour former un petit rond. Crocheter ensuite deux mailles en l'air.

Travailler désormais en brides simples.

1er tour
C1 - dans le rond du début : crocheter 2 brides, (2 mailles en l'air et un groupe de brides), répéter 2 fois la parenthèse, crocheter 2 mailles en l'air.
A présent, fermer le tour par une maille coulée dans la deuxième des mailles en l'air formées au début du tour. Il se forme un petit carré.
= 2 brides + 3 groupes de brides.

***ATTENTION** : à présent, pour pouvoir commencer le deuxième tour, former une maille coulée dans la première bride du tour effectué, puis une autre maille coulée dans la deuxième, et crocheter en plus 2 mailles en l'air en C2.*

Désormais, crocheter systématiquement les groupes de brides autour des mailles en l'air du tour précédent. Dans les coins, toujours crocheter un groupe de brides, 2 mailles en l'air, puis un groupe de brides autour des mailles en l'air du tour précédent.

2e tour
C2 - crocheter 2 brides, 2 mailles en l'air, puis un groupe de brides dans le premier coin formé par les 2 mailles en l'air au tour précédent, (crocheter une maille en l'air, un groupe de brides, 2 mailles en l'air et un groupe de brides, le tout dans le coin suivant), répéter 2 fois la parenthèse, puis crocheter une maille en l'air.
A présent, fermer le tour par une maille coulée dans la deuxième des mailles en l'air formées au début du tour = 2 brides / 7 groupes de brides

***ATTENTION** : afin de pouvoir commencer le 3e tour, former à nouveau une maille coulée dans la première bride du tour effectué, et une autre dans la deuxième et crocheter alors 2 mailles en l'air en C3.*

C est l'abréviation de couleur, Tr l'abréviation de tour, M l'abréviation de mailles.

3e tour
C3 - dans le premier coin, crocheter 2 brides, 2 mailles en l'air, puis un groupe de brides, (crocheter une maille en l'air, un groupe de brides, une maille en l'air, un groupe de brides, 2 mailles en l'air et un groupe de brides, le tout dans le coin suivant), répéter la parenthèse 2 fois. Finir par une maille en l'air, un groupe de brides et une maille en l'air.

A présent, fermer le tour par une maille coulée dans la deuxième des mailles en l'air formées au début. = 2 brides / 11 groupes de brides

***ATTENTION** : afin de pouvoir commencer le 4e tour, former à nouveau une maille coulée dans la première bride du tour effectué, et une autre dans la deuxième et crocheter alors 2 mailles en l'air en C4.*

4e tour
C4 - crocheter 2 brides, 2 mailles en l'air, puis un groupe de brides dans la même paire de mailles en l'air que les deux brides précédentes, (crocheter une maille en l'air, un groupe de brides, une maille en l'air, un groupe de brides, une maille en l'air, un groupe de brides, puis 2 mailles en l'air et un groupe de brides), répéter la parenthèse 2 fois, puis crocheter une maille en l'air, un groupe de brides, une maille en l'air, un groupe de brides et une maille en l'air.

Fermer alors le tour par une maille coulée dans la deuxième des mailles en l'air formées au début. = 2 brides / 15 groupes de brides

Il se forme ainsi un petit carré.

***ATTENTION** : afin de pouvoir commencer le premier rang, former à nouveau une maille coulée dans la première bride du tour effectué, une autre dans la deuxième, et crocheter alors 2 mailles en l'air en C5.*

***ATTENTION** : travailler désormais en rangs aller et retour, en partant de l'un des coins du carré. Ne plus réaliser d'ajouts de groupes de brides. En crochetant 4 groupes de brides piqués chacun dans une ou au niveau de deux maille(s) en l'air, obtenir dans chaque coin 2 groupes de brides séparés par 2 mailles en l'air.*

Côté gauche de l'écharpe

1er rang
C5 - crocheter 4 groupes de brides (commencer par un groupe de brides au niveau des 2 mailles en l'air du coin), puis crocheter un groupe de brides, 2 mailles en l'air et un groupe de brides dans le coin, puis 4 groupes de brides = 10 groupes de brides

2e rang
C4 - crocheter 2 mailles en l'air pour tourner, 4 groupes de brides sur un côté, puis un groupe de brides, 2 mailles en l'air et un groupe de brides dans le coin, et à nouveau 4 groupes de brides sur l'autre côté = 10 groupes de brides

***ATTENTION** : désormais, ne pas oublier les 2 mailles pour tourner à la fin du rang.*

3e - 29e rangs
C4 - répéter le rang 2 = 10 groupes de brides

***ATTENTION** : à partir du 29e rang, les couleurs varient pour donner un effet de contraste. Lorsque la couleur change dans le rang qui suit, crocheter d'ores et déjà les 2 mailles en l'air pour tourner dans la nouvelle couleur.*

30e + 31e rangs
C1 - crocheter comme pour le rang 2 = 10 groupes de brides

32e + 33e rangs
C2 - crocheter comme pour le rang 2 = 10 groupes de brides

34e + 35e rangs
C3 - crocheter comme pour le rang 2 = 10 groupes de brides

36e + 37e rangs
C4 - crocheter comme pour le rang 2 = 10 groupes de brides

38e + 39e rangs
C5 - crocheter comme pour le rang 2 = 10 groupes de brides

40e + 41e rangs
C1 - crocheter comme pour le rang 2 = 10 groupes de brides

42e + 43e rangs
C4 - crocheter comme pour le rang 2 = 10 groupes de brides

A présent, revenir au milieu pour crocheter l'autre côté de l'écharpe. Il faut donc tourner l'écharpe et la poser à plat, côté crocheté dirigé vers le bas. Maintenant, du côté droit, et en C5, former un nouveau groupe de brides face à celui crocheté auparavant.

Pour cela, piquer le crochet dans le trou (maille en l'air) situé entre les deux groupes de mailles du 4e tour, prendre et ramener le fil, et crocheter ainsi une maille en l'air. Crocheter ensuite le groupe de brides autour de ces mêmes mailles en l'air, formant à nouveau un coin composé de 2 groupes de brides. Poursuivre alors le travail en formant le premier rang du côté droit.

Côté droit de l'écharpe

1er rang
C5 - crocheter 3 autres groupes de brides (sur un côté), puis 1 groupe de brides, 2 mailles en l'air et un groupe de brides (dans le coin), et à nouveau 4 groupes de brides (autre côté) = 10 groupes de brides

2e rang
C4 - crocheter 2 mailles en l'air pour tourner, 4 groupes de brides, puis un groupe de m brides, 2 mailles en l'air et un groupe de brides, et à nouveau 4 groupes de brides = 10 groupes de brides

***ATTENTION** : désormais, ne pas oublier les 2 mailles pour tourner à la fin du rang.*

3e - 43e rangs
C4 - crocheter comme pour le rang 2 = 10 groupes de brides

Finitions

Bien coudre tous les fils.

Mitaines longues Shuto

Les mitaines longues Shuto sont extrêmement pratiques. Tout en protégeant tes mains du froid, elles te permettront de manipuler librement ton téléphone ou ta tablette.

Mitaines longues Shuto

Niveau

Pour réchauffer les mains les jours de grand froid.

Crochet
6 mm DMC, aiguille à broder / à repriser

Fournitures
Laine myboshi n°1

Couleurs
Couleur 1 (50 g)
Couleur 2 (50 g)

Échantillon test
10 x 10 cm = 12 brides x 5 rangs

Taille
Hauteur : env. 28,5 cm
Largeur : env. 10 - 12 cm

Explications
Crocheter les mitaines en brides, avec un bord supérieur en mailles serrées.

Fermer des brides ensemble
Faire un jeté, piquer le crochet, prendre le fil et le ramener. Trois boucles reposent sur le crochet. Faire un nouveau jeté, et ramener le fil à travers les deux premières boucles reposant sur le crochet. A présent, il reste deux boucles sur le crochet. Faire un jeté supplémentaire, piquer le crochet dans le trou suivant, prendre le fil de la pelote et le ramener à travers la maille. Reprendre le fil et le ramener à travers les deux premières boucles sur le crochet. Il reste trois boucles sur le crochet. A nouveau, prendre le fil et le ramener à travers les trois boucles.

Notice myboshi
Début, dans le bas

Monter 21 mailles en C1 et les fermer en rond. Pour cela, piquer le crochet dans la première maille en l'air et faire une maille coulée pour former un petit rond. Crocheter ensuite deux mailles en l'air.

Les tours sont fermés afin d'éviter un décalage lors du changement de couleur. Toujours fermer les tours par une maille coulée, et crocheter ensuite 2 mailles en l'air supplémentaires (bien serrer la maille coulée, laisser les mailles en l'air un peu plus lâches).

Lors d'un changement de couleur, piquer dans la première maille (bride simple) par devant, puis former la maille coulée avec l'ancienne couleur, et les 2 mailles en l'air avec la nouvelle. Former la première bride simple en piquant le crochet dans le même tour que pour former la maille coulée et les mailles en l'air.

Travailler désormais en brides simples.

Les autres types de mailles sont désignés par leur nom.

1e tour
C1 - crocheter uniquement en brides = 21 M.

2e + 3^{e} tours
C1 - crocheter uniquement en brides = 21 M.

4e tour
C2 - .crocheter uniquement en brides = 21 M.

5e - 8e tours
C1 - crocheter uniquement en brides = 21 M.

9e tour
C2 - crocheter uniquement en brides = 21 M.

10e tour
C1 - **Mitaine gauche**
Crocheter 16 brides, 3 mailles serrées puis 2 brides = 21 M.

 C est l'abréviation de couleur, Tr l'abréviation de tour, M l'abréviation de mailles.

Mitaine droite
Crocheter 16 brides, 3 mailles serrées puis 2 brides = 21 M.

11e tour
C1 - **Mitaine gauche**
Crocheter 16 brides, puis 3 mailles en l'air et sauter par contre les 3 mailles serrées du tour précédent, puis crocheter 2 brides = 21 M.

Mitaine droite
Crocheter 2 mailles serrées, puis 3 mailles en l'air et sauter par contre les 3 mailles serrées du tour précédent, puis crocheter 16 brides = 21 M.

12e tour
C1 - crocheter uniquement en brides, y compris dans les mailles en l'air, puis fermer les brides 10 + 11 ensemble = 20 M.

13e tour
C1 - crocheter uniquement en brides, fermer les brides 9 + 10 ensemble = 19 M.

14e tour
C2 - crocheter uniquement en brides, fermer les brides 8 + 9 ensemble = 18 M.

15e tour
C2 - tour final / retour : crocheter des mailles serrées en sens inverse. Pour cela, il suffit de tourner la mitaine sur son axe avec la dernière boucle reposant sur le crochet avant de crocheter = 18 M.

Répéter le tout pour la deuxième mitaine !

Finitions
Couper ensuite tous les fils à 15 cm environ et les coudre avec soin.

myboshi
quand la télévision s'intéresse à nous...

Le virus du crochet se répand également à la télévision :

« Herbstfest der Träume » (Festival d'automne des rêves), Das Erste, 2013

« Myboshi Deutschlandtour » (Tour d'Allemagne), RTL Nord, 2013

« DAS! » (émission de divertissement), NDR, 2013

« TV-Total » (talk-show humoristique), Pro Sieben, 2014

Sac Suita

Le sac Suita t'accompagnera au quotidien. Spacieux et original. Un sac étonnant pour étoffer ton style.

myboshi

Sac Suita

Niveau

Des rayures variant à perte de vue.

Crochet
6 mm DMC, aiguille à broder / à repriser

Fournitures
Laine myboshi n°1

Couleurs
Couleur 1 (100 g)
Couleur 2 (100 g)
Couleur 3 (100 g)

Échantillon test
10 x 10 cm = 12 demi-brides x 8 rangs

Dimensions
Largeur : env. 29 cm, hauteur : env. 32 cm, longueur de la bandoulière : env. 170 cm

Explications
Crocheter le sac Suita en demi-brides et mailles serrées, dans un motif rayé. L'avant et l'arrière du sac sont travaillés en rangs aller et retour. La bandoulière vient compléter le sac en assurant son maintien.

Notice myboshi

Partie avant du sac
Commencement par le bas

En C1, monter 29 mailles en l'air plus une maille en l'air pour tourner.

> ***ATTENTION** : ne pas oublier la maille en l'air pour tourner l'ouvrage à la fin de chaque rang !*

Travailler désormais uniquement en demi-brides.

1er rang
C1 - crocheter uniquement en demi-brides = 29 M.

2e rang
C2 - crocheter uniquement en demi-brides = 29 M.

3e rang
C3 - crocheter uniquement en demi-brides = 29 M.

4e - 24e rangs
C1 + C2 + C3 - répéter 7 fois les rangs 1 à 3, puis fermer = 29 M.

Répéter le tout pour former l'arrière du sac. Avant de fermer, crocheter le rabat. Pour cela, faire une maille en l'air pour tourner et passer au rang suivant. Réaliser en une couleur 5 rangs en demi-brides. Ne pas oublier de faire une maille en l'air à chaque fin de rang pour tourner. Avec une autre couleur, faire à nouveau 4 rangs de demi-brides puis fermer. Vous pouvez également, avant de fermer, crocheter un rang de mailles serrées pour finir la bordure.

Bandoulière
Réaliser la bandoulière en demi-brides en crochetant un seul fil. Ajouter un deuxième fil pour la rendre plus solide. Toujours positionner souplement le fil de la couleur utilisée dans le sens inverse à l'ouvrage, et le crocheter ainsi dans les mailles. Lors de la formation des demi-brides dans une couleur, placer le fil de la couleur non utilisée le long de l'ouvrage, puis crocheter dans la maille en recouvrant le fil non utilisé. Le fil non crocheté traverse donc le rang en étant recouvert par les mailles crochetées.

Commencement
Monter 165 mailles en l'air en C1 + un maille en l'air pour tourner.

> ***ATTENTION** : ne pas oublier la maille en l'air pour tourner l'ouvrage à la fin de chaque rang !*

C est l'abréviation de couleur, Tr l'abréviation de tour, M l'abréviation de mailles.

1er rang
C1 - crocheter 165 demi-brides = 165 M.

***ATTENTION** : afin de consolider la bretelle, le premier fil de C1 tient maintenant lieu de fil de renforcement, le deuxième servant à crocheter. Le deuxième fil se crochète en incluant le premier fil (comme ci-dessus), qui viendra traverser les mailles dans toute la longueur du rang. Effectuer désormais l'alternance entre les deux fils à chaque rang. Toujours bien tirer le fil de renforcement afin de tendre la bretelle.*

2e +3e rangs
C3 + C3 - une fois le rang terminé, changer de fil à crocheter. Former ainsi des demi-brides en intégrant le fil présent en renforcement = 165 M.

4e rang
C2 + C2 - crocheter systématiquement en demi-brides = 165 M.

5e rang
C2 + C2 - crocheter une maille serrée dans chaque maille tout au long du rang = 165 M.

Finitions

Poser côte à côte les deux petites extrémités de la bandoulière pour les coudre ensemble. Poser ensuite la face avant du sac à plat devant soi, premier rang vers le bas. Poser la bandoulière tout autour, puis coudre le bas et les deux côtés latéraux du sac le long de la bandoulière par un rang de mailles coulées en C1. La bandoulière formera ainsi également le fond et les côtés du sac. Répéter l'opération avec la partie arrière (premier rang vers le bas, en centrant bien la pièce par rapport au côté déjà assemblé à la bandoulière), sans crocheter les bords latéraux du rabat. Pour terminer, bien coudre les fils.

Equipier
Ami du boshi...

Nos équipiers sont des gens qui partagent notre enthousiasme et qui le manifestent par le biais d'un don particulier. myboshi, ce ne sont pas de quelconques bonnets, mais aussi un moyen d'exprimer ton originalité. Ces accessoires doivent te correspondre, et s'accorder à ton mode de vie. Ainsi, beaucoup de nos équipiers mettent toute leur passion à repousser leurs limites sportives, et testent également nos boshis. Courageux et épris de liberté, nos équipiers sont des gens exceptionnels. Leurs avis, ainsi que leur fierté de porter les couleurs de myboshi, sont sincères et d'une valeur inestimable.

Nom : Martin Gluth
Disciplines : Cross-country en VTT
Age : 22 ans
Nationalité : allemande
Domicile : Helmbrechts
Boshi préféré : Osaka

Nom : Sarah Grau
Disciplines : char à cerf-volant, kitesurf, snowkite, skimboard, stand up paddle
Age : 16 ans
Nationalité : allemande
Domicile : Munich / Straubing
Boshi préféré : Niseko

Echarpe col Tokio

Notre écharpe col Tokio est un accessoire masculin très populaire. Il s'assortit idéalement au bonnet et au sac Niseko.

Echarpe col Tokio

Niveau

Avec un motif élégant. Assorti au boshi.

Crochet
6 mm DMC, aiguille à broder / à repriser

Fournitures
Laine myboshi n°1

Couleurs
Couleur 1 (100 g)
Couleur 2 (100 g)

Échantillon test
10 x 10 cm = 12 mailles serrées x 12 rangs

Dimensions
Diamètre : env. 37 cm, hauteur : env. 35 cm

Explications
Crocheter l'écharpe col Tokio en mailles serrées et mailles en l'air.
Commencer par monter des mailles en l'air doubles.
A son extrémité, fermer la chaînette de mailles en l'air en rond par une maille coulée en C1.

Motif
Le motif de l'écharpe comporte toujours une maille serrée + une maille en l'air. A partir du deuxième tour, crocheter chaque maille serrée dans la maille en l'air du tour précédent, la maille en l'air étant formée en sautant la maille serrée.

Notice myboshi

Bas de l'écharpe
En C1, monter 78 mailles en l'air doubles et les fermer par une maille coulée pour obtenir un ovale. Pour cela, piquer dans la première maille en l'air, et faire une maille coulée pour fermer la chaînette en cercle.

Crocheter ensuite une maille en l'air et commencer le premier tour (bien serrer la maille coulée, laisser la maille en l'air un peu plus lâche).

Les tours sont fermés afin d'éviter un décalage lors du changement de couleur.

Lors d'un changement de couleur, piquer dans la première maille (maille serrée) par l'avant, puis former la maille coulée avec l'ancienne couleur et la maille en l'air avec la nouvelle. Former la première maille serrée en piquant le crochet dans le même trou que pour former la maille coulée et la maille en l'air.

Dorénavant, travailler avec l'assemblage maille serrée + maille en l'air, désigné ici par « mailles ».

1er tour
C1 - dans chaque maille en l'air, crocheter une maille + une maille en l'air = 78 mailles serrées

2e tour
C2 - réaliser le motif = 78 mailles serrées

***ATTENTION** : ne pas oublier de faire suivre la maille serrée par une maille en l'air, car cette dernière sera nécessaire pour crocheter les mailles serrées du tour suivant.*

3e - 29e tours
C1 + C2 - répéter le deuxième tour en alternant systématiquement C1 et C2 = 78 mailles serrées

30e tour
C1 - crocheter une maille autour de chaque maille en l'air, ainsi que dans chaque maille du tour précédent = 156 mailles serrées

31e tour
C1 - tour final / retour : crocheter des mailles serrées en sens inverse. Pour cela, il suffit de tourner l'ovale sur son axe avec la dernière boucle reposant sur le crochet avant de continuer à crocheter = 156 mailles serrées

Pour faire l'autre bordure, revenir à la couture située dans le bas de l'ovale. En C1, passer le fil de la pelote au travers d'une maille et crocheter ainsi une maille en l'air. Tourner ensuite l'ovale sur lui-même comme pour le rang retour, puis crocheter des mailles serrées. Crocheter la première maille serrée en piquant le crochet dans le même trou que pour la maille en l'air qui précède.

Finitions
Bien coudre tous les fils.

Echarpe col Tokio

Variations de couleurs

myboshi

Remerciements

Mentions légales

Nous remercions particulièrement tous les passionnés de travaux manuels qui, par le biais de nos idées originales et faciles à réaliser, se sont laissé contaminer par le virus du boshi. Leur enthousiasme pour les bonnets myboshi nous a incités à écrire un nouvel ouvrage, rempli d'idées originales et variées.

Modèles

myboshi GmbH, Sportplatzstr. 8, 95176 Konradsreuth

Conception et photos

Mannequins : Sebastian Vohrmann, Sarah Schiller, Svenja Uppenkamp, Lars vom Stein

Noms des enfants : Pia, Lena, Amélie, Maya, Merle, Julius

Photos : Oliver Grah, myboshi GmbH, Paula Bartels

Assistant : Lucas Aaron Grah

Réalisation : Gruppe5 GmbH, Monika Kreuder, Solingen, Allemagne

Service éditorial : Nicole Gross, kick Management

Design étiquette : Cabinet de design Knüpfer, Daniel Knüpfer, Konradsreuth

Lieux

Château de Schloss Burg, Solingen
Patinoire en plein air Ittertal, Solingen
Parc du viaduc de Müngsten, Solingen

Impression et reliure

Wünsch Druck GmbH, Neumarkt in der Oberpfalz

Edition : Première édition

Informations concernant l'éditeur : ©2014 myboshi GmbH, Sportplatzstr. 8, 95176 Konradsreuth

ISBN : 978-3-944778-38-9

www.facebook.com/MyboshiFrance

Autres guides myboshi

myboshi 1.0
ton bonnet, ton style... crochète-le toi-même
Art. 15037/1
ISBN : 978-3-944778-02-0

Guide de crochet Vol 1.0
Art. 15038/1
ISBN : 978-3-944778-04-4

Guide de crochet Vol 5.0
Art. 15109/1
ISBN : 978-3-944778-32-7

Guide de tricot Vol 2.0
Art. 15110/1
ISBN : 978-3-944778-34-1

La notice du boshi de Felix figure dans le guide de crochet Vol. 5.